# Planejamento Estratégico para o Terceiro Setor

Paulo Ramos

2023

ISBN: 979-88-50564-14-8

Editora: Independently published - Amazon
Design da capa com KDP Amazon
Imagens da edição: Yandex e Pixabay Royalty Free

livroseebooks.com

*"Com organização e tempo, acha-se o segredo de fazer tudo e bem feito."*

Pitágoras

*"A má organização é outra causa comum da perda de tempo. O seu sintoma é um excesso de reuniões."*

Peter Drucker

*"Primeiro você tem que ter certeza do que quer, depois criar um plano estratégico para atingir a sua missão."*

Nayara de Melo

Dedico esta obra aos que lutam por um mundo melhor.

# Sumário

# Introdução

Recentemente as organizações sociais do Terceiro Setor ganharam protagonismo muito importante em todo mundo.

O Terceiro Setor é composto por organizações sem fins lucrativos e não governamentais que atuam em prol do interesse público, suplementando as ações do setor público e privado. Elas preenchem lacunas deixadas pelo governo, fornecendo serviços essenciais e soluções inovadoras para questões sociais complexas.

O Terceiro Setor promove a participação cidadã, permitindo que os indivíduos se envolvam ativamente na construção de uma sociedade mais justa. Essas organizações têm um papel crucial na defesa de direitos, influenciando a formulação de políticas públicas e pressionando por mudanças sociais, fortalecimento da sociedade civil, na promoção do bem-estar social e na busca por um mundo mais igualitário e sustentável.

No contexto do Terceiro Setor, composto por organizações sem fins lucrativos dedicadas a promover o bem social, o planejamento estratégico desempenha um papel fundamental para o alcance de seus objetivos e maximização de seus impactos. Para as organizações que buscam causas nobres e têm um propósito social, é essencial que adotem uma abordagem estratégica para garantir a eficácia de suas ações.

Este livro foi concebido como um guia abrangente para profissionais, gestores, acadêmicos e todos os interessados envolvidos no terceiro setor.

Oferecendo uma visão aprofundada do planejamento estratégico adaptado a essa realidade particular. O objetivo é fornecer ferramentas e conhecimentos para que possam desenvolver estratégias sólidas, alinhadas com sua missão e visão, e enfrentar os desafios complexos que surgem em seu ambiente de atuação.

A obra abordará temas-chave relacionados ao planejamento estratégico no terceiro setor, explorando os aspectos distintos dessa esfera, como a captação de recursos, a governança participativa, o engajamento da comunidade e a avaliação de impacto. Ao longo dos capítulos, serão apresentados estudos de caso, análises de melhores práticas e reflexões teóricas, embasados em pesquisas e experiências relevantes no campo da administração, planejamento estratégico e direito administrativo no contexto brasileiro.

Este livro visa promover a compreensão das particularidades do planejamento estratégico no terceiro setor, fornecer ferramentas práticas e insights teóricos para auxiliar na tomada de decisões estratégicas. Ao explorar conceitos-chave, metodologias e abordagens específicas para o terceiro setor, busca-se capacitar os leitores a enfrentar os desafios únicos encontrados nesse ambiente dinâmico e complexo.

Por meio da combinação de teoria e prática, este livro oferece uma contribuição significativa para a literatura acadêmica e profissional, preenchendo uma lacuna existente no campo do planejamento estratégico aplicado ao terceiro setor no contexto brasileiro. Esperamos que essa obra inspire e capacite gestores e líderes do terceiro setor, fornecendo-lhes as ferramentas necessárias para criar uma mudança positiva e duradoura na sociedade.

# O que é Planejamento Estratégico

O Planejamento Estratégico é um processo gerencial que envolve a formulação e implementação de estratégias organizacionais para direcionar o futuro de uma empresa, levando em consideração a análise do ambiente externo e interno, a definição de metas e a alocação eficiente de recursos. Ele proporciona uma visão abrangente e orientação para o crescimento e o sucesso de uma Organização a longo prazo (Mintzberg, Ahlstrand & Lampel, 1998).

O processo de Planejamento Estratégico geralmente é conduzido em etapas sequenciais, começando pela análise do ambiente externo. Essa etapa envolve a compreensão das tendências, mudanças e desafios no ambiente de negócios, incluindo fatores econômicos, políticos, sociais, tecnológicos e competitivos. Essa análise permite identificar oportunidades e ameaças que podem afetar a Organização.

Em seguida, ocorre a análise interna, que envolve a avaliação dos recursos, capacidades, forças e fraquezas da Organização. Essa avaliação interna fornece uma compreensão dos pontos fortes que podem ser aproveitados e das áreas que precisam ser melhoradas.

Com base nessas análises, são estabelecidas as diretrizes estratégicas da Organização, que são metas de longo prazo e ações que orientam a tomada de decisões em todos os níveis da Organização. Essas diretrizes podem incluir a definição de segmentos de mercado-alvo, a adoção de estratégias de diferenciação ou liderança de custos, a expansão para novos mercados ou a diversificação de produtos.

Outro passo envolve a definição de objetivos específicos e mensuráveis, que desdobram as diretrizes estratégicas em metas concretas para diferentes áreas da Organização. Esses objetivos devem ser claros, realistas e alinhados com a visão e os valores da empresa.

Após a definição dos objetivos, são elaboradas as estratégias, que são os planos de ação para alcançar os objetivos estabelecidos. As estratégias podem abranger decisões sobre marketing, operações, finanças, recursos humanos, tecnologia e outras áreas funcionais.

Finalmente, o processo de Planejamento Estratégico requer a implementação, o monitoramento e a avaliação das estratégias. Isso envolve a alocação de recursos adequados, o acompanhamento do progresso em relação aos objetivos e a realização de ajustes necessários ao longo do tempo.

O Planejamento Estratégico é uma prática fundamental para organizações de todos os setores e tamanhos, proporcionando uma abordagem sistemática e proativa para lidar com as complexidades e incertezas do ambiente de negócios. Ele permite que as empresas se adaptem às mudanças, identifiquem oportunidades de crescimento e melhorem sua vantagem competitiva (Santos & da Cunha, 2018).

O planejamento estratégico também desempenha um papel essencial no contexto do direito administrativo no Brasil. No âmbito governamental, o planejamento estratégico é utilizado para estabelecer diretrizes e metas a longo prazo, alinhadas com as políticas públicas e as necessidades da sociedade. Isso permite uma gestão mais eficiente dos recursos públicos e uma melhor prestação de serviços aos cidadãos.

No contexto empresarial, o planejamento estratégico deve levar em consideração as normas e regulamentações estabelecidas pelo direito administrativo. Isso inclui aspectos como licenciamento, conformidade com leis trabalhistas, ambientais e tributárias, entre outros. O planejamento estratégico deve estar alinhado com as exigências legais e garantir a conformidade das atividades da Organização.

Para o terceiro setor, foco central deste livro, o planejamento estratégico é fundamental, permitindo que as organizações sem fins lucrativos definam metas claras e estratégias para alcançar seus objetivos de impacto social.

No terceiro setor, o planejamento estratégico pode incluir a definição de missão e visão, a identificação de áreas de atuação prioritárias, a análise das necessidades da comunidade, a busca por parcerias estratégicas, a captação de recursos e a avaliação do impacto das atividades realizadas. Através do planejamento estratégico, as organizações do terceiro setor podem melhorar sua eficácia, promover a transparência e fortalecer sua sustentabilidade a longo prazo (Bryson, 2018).

É importante ressaltar que o terceiro setor possui particularidades em relação aos setores público e privado, e, portanto, o planejamento estratégico para organizações sem fins lucrativos deve levar em consideração suas especificidades, como a mobilização de recursos voluntários, a participação da comunidade, a responsabilidade social e a prestação de contas. Essas considerações podem influenciar as abordagens e os modelos utilizados no planejamento estratégico para o terceiro setor, garantindo que as organizações estejam alinhadas com seus propósitos e maximizem seu impacto social.

# O que é o Terceiro Setor

O terceiro setor é um conceito que se refere a organizações e instituições que atuam em atividades de interesse público, sem visar o lucro. Também conhecido como setor não governamental, ele engloba organizações sem fins lucrativos, organizações não governamentais (ONGs), fundações, associações, cooperativas, entre outros grupos que desempenham um papel importante na sociedade (Anheier & Toepler, 2019).

Ao contrário do setor privado, que busca o lucro, e do setor público, que é composto por órgãos governamentais, o terceiro setor preocupa-se principalmente em promover o bem-estar social, desenvolvimento comunitário, defesa dos direitos humanos, preservação do meio ambiente, assistência social, educação, cultura, saúde, entre outras áreas.

As organizações do terceiro setor são geralmente financiadas por doações, parcerias com empresas, recursos públicos, convênios, projetos e eventos beneficentes. Seu objetivo principal é atender necessidades sociais e preencher lacunas deixadas pelos setores público e privado, muitas vezes trabalhando em colaboração com eles.

O terceiro setor desempenha um papel fundamental no fortalecimento da sociedade civil e na promoção de mudanças sociais, mobilizando recursos e voluntários para causas de interesse público. Ele complementa as ações governamentais e empresariais, contribuindo para o desenvolvimento sustentável e a melhoria da qualidade de vida das pessoas.

# Planejamento para o Terceiro Setor

O terceiro setor desempenha um papel fundamental na sociedade, dedicadas a promover o bem-estar social, ações de caridade, proteção ambiental, desenvolvimento comunitário e outras iniciativas voltadas para o benefício coletivo. Diante dos desafios e complexidades desse setor, o planejamento estratégico se apresenta como uma ferramenta essencial para orientar a atuação dessas organizações e maximizar seu impacto social. Este artigo busca explorar e caracterizar o Planejamento Estratégico para o Terceiro Setor, fornecendo uma visão abrangente e atualizada sobre o assunto.

O Planejamento Estratégico para o Terceiro Setor pode ser entendido como um processo sistemático que envolve a formulação, implementação e avaliação de estratégias organizacionais para atingir objetivos de longo prazo. Diferente do setor privado, o terceiro setor possui particularidades que requerem uma abordagem adaptada ao seu contexto específico

Uma das características mais distintivas do Planejamento Estratégico para o Terceiro Setor é o seu propósito social. As organizações do terceiro setor são orientadas por missões e visões voltadas para o benefício da sociedade e a promoção do bem comum. Portanto, o planejamento estratégico nesse setor deve estar intrinsecamente alinhado com esse propósito social, direcionando todas as ações e iniciativas para a conquista de objetivos que tragam impactos positivos para a comunidade (Santos & Rodegheri, 2017).

Portanto, o propósito social deve ser um ponto essencial para no planejamento estratégico, por estar intrinsecamente alinhado com a missão e a visão da Organização, que estão voltadas para a promoção do bem social e o alcance de impacto positivo na comunidade.

No Planejamento Estratégico para o Terceiro Setor, a participação ativa das partes interessadas desempenha um papel fundamental. Isso significa envolver a comunidade, os beneficiários, os colaboradores, os voluntários e outras partes interessadas relevantes no processo de planejamento. A participação ativa permite a identificação de necessidades e demandas reais, além de proporcionar um senso de pertencimento e empoderamento às pessoas envolvidas. Essa abordagem colaborativa contribui para a criação de estratégias mais efetivas, que estejam alinhadas com as aspirações e necessidades daqueles que serão impactados pelas ações do terceiro setor (Araújo, 2019).

A participação, envolvimento e engajamento da sociedade e dos beneficiários são muito importantes no planejamento estratégico do terceiro setor. A participação ativa de diferentes partes interessadas permite uma visão mais ampla e inclusiva, garantindo que as estratégias estejam alinhadas com as necessidades e aspirações daqueles que são impactados pela atuação da Organização.

O terceiro setor depende, em grande parte, de recursos financeiros provenientes de doações, parcerias, patrocínios e programas governamentais. Nesse contexto, o Planejamento Estratégico para o Terceiro Setor precisa levar em consideração a captação de recursos como uma de suas características específicas.

Isso inclui a identificação de fontes de financiamento, a elaboração de estratégias para diversificar as fontes de recursos e a gestão eficiente dos recursos disponíveis. A busca por sustentabilidade financeira é essencial para garantir a continuidade das operações e a realização das atividades sociais (Campos, 2016).

O planejamento estratégico deve levar em consideração a busca de recursos e a diversificação de fontes de financiamento, bem como a gestão eficiente desses recursos para garantir a sustentabilidade da Organização.

A avaliação de impacto é outra característica específica do Planejamento Estratégico para o Terceiro Setor. Ao contrário de outros setores, o terceiro setor tem a responsabilidade de medir e demonstrar o impacto social das suas ações.

O planejamento estratégico deve incluir indicadores de desempenho que permitam acompanhar e avaliar o progresso em relação aos objetivos estabelecidos, além de fornecer subsídios para aprimorar as práticas e maximizar o impacto social alcançado. Essa característica permite que as organizações do terceiro setor mensurem e comuniquem os resultados alcançados, demonstrando a eficácia e a efetividade de suas ações para a sociedade (Maia et al., 2018).

Além das características mencionadas acima, é importante destacar que o Planejamento Estratégico para o Terceiro Setor também precisa levar em consideração questões legais e éticas. Isso envolve o cumprimento das normas e regulamentações aplicáveis, a transparência na gestão dos recursos, a prestação de contas aos financiadores e a adoção de práticas éticas de governança.

O cumprimento desses aspectos legais e éticos é essencial para a credibilidade e a sustentabilidade das organizações do terceiro setor (Oliveira, 2018).

Além disso, é importante observar princípios de governança adequados, com uma estrutura de governança eficaz e a separação adequada das funções de gestão e supervisão. A governança no terceiro setor busca garantir a transparência, a prestação de contas e a gestão responsável dos recursos e interesses da Organização, fortalecendo a confiança da comunidade e dos financiadores.

No que diz respeito às considerações éticas, o planejamento estratégico para o terceiro setor deve levar em conta a responsabilidade social da Organização, buscando impactos positivos e sustentáveis na sociedade. Isso implica em uma abordagem centrada nas pessoas e em princípios como equidade, justiça, respeito pelos direitos humanos e proteção do meio ambiente.

O Planejamento Estratégico para o Terceiro Setor é uma ferramenta indispensável para organizações sem fins lucrativos que buscam maximizar seu impacto social. Ao considerar as particularidades do terceiro setor, como o propósito social, a participação da comunidade, a captação de recursos e a avaliação de impacto, o planejamento estratégico permite que essas organizações definam metas claras, identifiquem as melhores estratégias e implementem ações eficazes (Fernandes, 2019).

Em suma, o Planejamento Estratégico para o Terceiro Setor apresenta características específicas que o diferenciam de outras abordagens estratégicas.

O propósito social, a participação ativa das partes interessadas, a captação de recursos e a avaliação de impacto são elementos-chave desse tipo de planejamento. Ao considerar essas características e cumprir as obrigações legais e éticas, as organizações do terceiro setor têm maior capacidade de alcançar seus objetivos sociais e promover mudanças positivas na sociedade.

O Planejamento Estratégico para o Terceiro Setor segue um processo composto por etapas interconectadas. Embora possa variar de acordo com as necessidades e características específicas de cada Organização, geralmente inclui as seguintes fases:

Devido à natureza singular dessas organizações, o Planejamento Estratégico para o Terceiro Setor requer uma abordagem diferenciada, levando em consideração suas particularidades e contextos específicos.

Compreender o propósito social é fundamental para direcionar as ações do Terceiro Setor de maneira alinhada com a missão e a visão da Organização. Analisaremos como definir um propósito claro e como integrá-lo ao planejamento estratégico, garantindo que todas as atividades estejam alinhadas com os objetivos sociais a serem alcançados.

O Planejamento Estratégico permite que as organizações do Terceiro Setor alinhem suas atividades com seu propósito social. Ao estabelecer uma visão clara e definir objetivos estratégicos, as organizações podem direcionar seus recursos e esforços de forma mais eficaz, concentrando-se nas áreas de maior impacto social.

O Planejamento Estratégico ajuda a garantir que todas as ações estejam alinhadas com a missão da Organização, evitando dispersão de recursos e esforços em atividades periféricas competitivas (Santos & da Cunha, 2018).

A participação ativa das partes interessadas desempenha um papel crucial no Terceiro Setor, considerando que a comunidade, os beneficiários, os colaboradores e outros participantes têm uma voz importante nas decisões estratégicas. Os integrantes das organizações devem participar de forma significativa de todas as etapas das atividades, promovendo a co-criação de soluções e retroalimentando o engajamento de todos os envolvidos.

A captação de recursos é um desafio constante para as organizações do Terceiro Setor. Estratégias e técnicas eficazes para diversificar as fontes de financiamento e garantir a sustentabilidade financeira das organizações, é algo extremamente necessário. Também é fundamental garantir à transparência na gestão dos recursos e às boas práticas de prestação de contas.

O Planejamento Estratégico promove sistematicamente a cultura de transparência e prestação de contas no Terceiro Setor. Ao estabelecer metas claras e indicadores de desempenho, as organizações podem medir e comunicar seu impacto social de maneira objetiva e transparente. Isso fortalece a confiança dos financiadores, parceiros e comunidade em geral, garantindo que os recursos sejam utilizados de forma eficaz e responsável.

Recursos limitados é uma realidade comum no Terceiro Setor. O Planejamento Estratégico permite que as organizações identifiquem e otimizem seus recursos existentes, sejam eles financeiros, humanos ou materiais. Ao realizar uma análise detalhada de suas necessidades e prioridades, as organizações podem direcionar seus recursos de forma estratégica, maximizando seu impacto social. Isso inclui identificar parcerias estratégicas, diversificar as fontes de financiamento e buscar oportunidades de colaboração com outras organizações

A avaliação de impacto é uma ferramenta crucial para medir e comunicar os resultados alcançados pelo Terceiro Setor. Devido a importância de definir indicadores de desempenho relevantes, coletar dados de maneira adequada e realizar avaliações periódicas para mensurar o impacto social das ações.

As organizações do Terceiro Setor enfrentam constantemente desafios e incertezas, sejam eles relacionados a mudanças nas políticas públicas, variações nos recursos disponíveis ou demandas emergentes da comunidade. O Planejamento Estratégico permite que as organizações antecipem esses desafios e desenvolvam estratégias proativas para enfrentá-los.

Ao realizar uma análise ambiental e identificar possíveis cenários futuros, as organizações podem tomar decisões informadas e adaptar suas estratégias de forma ágil, garantindo sua capacidade de responder a novas demandas e desafios.

Desenvolver este procedimento organizacional promove metas claras e indicadores de desempenho, as organizações podem medir e comunicar seu impacto social de maneira objetiva e transparente. Isso fortalece a transparência, a confiança dos financiadores, parceiros e comunidade em geral, garantindo que os recursos sejam utilizados de forma eficaz e responsável.

# Análise do Ambiente

Através da análise do ambiente a Organização deve buscar compreender os desafios e problemas existentes, identificando as principais questões que impactam a área de atuação no terceiro setor. Para tanto, considere aspectos globais e locais, visando fornecer uma visão ampla e abrangente para a formulação de estratégias eficazes da Entidade.

O terceiro setor desempenha um papel fundamental na sociedade, atuando em áreas de interesse público, tais como assistência social, educação, meio ambiente, saúde, direitos humanos, artes, entre outros.

No entanto, para cumprir sua missão e alcançar seus objetivos, é essencial que as organizações do terceiro setor estejam cientes das condições globais e locais que as cercam. A análise da conjuntura é uma ferramenta estratégica crucial para compreender o contexto no qual essas organizações estão inseridas (Bryson, 2018).

## Avaliação da Situação Global

A análise da conjuntura global envolve a compreensão dos principais aspectos que afetam o terceiro setor em âmbito internacional. Dentre os temas de interesse, destacam-se as mudanças climáticas, os direitos humanos, a desigualdade social e a globalização.

A crescente conscientização sobre as mudanças climáticas tem levado as organizações a repensarem suas estratégias, adotando práticas sustentáveis e promovendo ações de preservação do meio ambiente.

Além disso, a garantia dos direitos humanos tornou-se uma preocupação central para as organizações do terceiro setor, que buscam promover a igualdade, a inclusão e a justiça social em nível global (WEF, 2021).

## Avaliação da Situação Local

A análise da conjuntura local concentra-se nas condições específicas do ambiente onde as organizações do terceiro setor operam. Nesse contexto, é importante considerar fatores como a economia, a política, a cultura e as demandas sociais. Por exemplo, em uma economia instável, as organizações do terceiro setor podem enfrentar desafios financeiros e dificuldades para obter recursos.

Da mesma forma, as políticas governamentais e os aspectos legais podem ter um impacto significativo nas atividades dessas organizações. Além disso, a compreensão da cultura e das demandas sociais locais é fundamental para a efetividade das estratégias adotadas pelo terceiro setor (Lohmann, 2018).

## Desafios e Problemas Identificados

Com base na análise da conjuntura global e local, é possível identificar uma série de desafios e problemas que impactam especificamente a área de atuação da Entidade do terceiro setor.

Entre eles, destacam-se a escassez de recursos financeiros, a falta de profissionalização das organizações, a burocracia governamental, a competição por recursos limitados e a necessidade de fortalecer parcerias estratégicas.

Além disso, as organizações do terceiro setor muitas vezes enfrentam dificuldades para medir seu impacto e comunicar efetivamente seus resultados (Young, 2016).

A análise da conjuntura global e local é essencial para compreender os aspectos relevantes e identificar os desafios e problemas, para que as organizações desenvolvam estratégias mais eficazes e orientadas para resultados. Nesse sentido, é fundamental que as organizações do terceiro setor estejam atentas às mudanças e tendências globais, bem como às condições locais, buscando se adaptar e inovar continuamente (UNDP, 2021).

É importante destacar que esta análise é um processo contínuo que permite que as organizações do terceiro setor compreendam o ambiente no qual estão inseridas e identifiquem os desafios e problemas que afetam sua atuação. Através dessa análise, é possível formular estratégias mais sólidas e eficazes, visando ao alcance dos objetivos e à maximização do impacto social (Meehan, Jonker & Brinckerhoff, 2017).

# Tendências e Desafios Emergentes

No atual cenário competitivo e em constante mudança, as organizações do Terceiro Setor enfrentam desafios significativos para alcançar seus objetivos e cumprir sua missão.

Nesse contexto, a avaliação do ambiente externo desempenha um papel crucial ao permitir a identificação de tendências e desafios emergentes que podem afetar a realização dos projetos.

Uma das principais funções da avaliação do ambiente externo é acompanhar e analisar tendências emergentes relevantes para a área de atuação da Entidade do Terceiro Setor.

Essas tendências podem assumir várias formas, como avanços tecnológicos, novas abordagens de sustentabilidade, mudanças de comportamento social e padrões de uso. Acompanhar essas tendências é fundamental para garantir que a Organização esteja alinhada com as demandas e expectativas da sociedade, bem como para identificar oportunidades que possam surgir.

Os avanços tecnológicos têm um impacto significativo nas organizações do Terceiro Setor. De acordo com Ratten (2019), as tecnologias digitais têm o potencial de melhorar a eficiência operacional, ampliar o alcance do público-alvo e facilitar a captação de recursos. Por exemplo, o uso de mídias sociais e plataformas online permite que as organizações alcancem um público mais amplo e engajem seus apoiadores de forma mais efetiva.

Além disso, a tecnologia pode ser aplicada na coleta e análise de dados, proporcionando insights valiosos para a tomada de decisões estratégicas (Darcy et al., 2017).

Da mesma forma, as mudanças de comportamento social e os padrões de uso também requerem atenção. As organizações do Terceiro Setor precisam estar cientes dessas mudanças para adaptar suas estratégias e projetos de acordo com as expectativas e necessidades da sociedade.

Por exemplo, a crescente preocupação com questões ambientais e de sustentabilidade exige que as organizações adotem abordagens mais responsáveis e ecologicamente conscientes em suas operações (Jahdi et al., 2014). A identificação dessas tendências emergentes permite que as organizações se posicionem de forma proativa, desenvolvendo ações e programas que abordem essas questões e gerem um impacto positivo na sociedade.

**Identificação de Desafios Futuros**

Além de acompanhar tendências emergentes, a avaliação do ambiente externo também permite a identificação de desafios futuros que podem afetar a realização dos projetos das organizações do Terceiro Setor. Antecipar-se a possíveis obstáculos é fundamental para desenvolver estratégias eficazes de enfrentamento e minimizar riscos.

Os desafios futuros podem surgir de diferentes fontes, como mudanças legislativas, instabilidade econômica, competição crescente ou mudanças nas preferências dos doadores e financiadores.

Ao identificar esses desafios com antecedência, as organizações podem ajustar suas estratégias de forma proativa, buscando alternativas e soluções que minimizem os impactos negativos e aproveitem as oportunidades que possam surgir.

Por exemplo, se uma Organização do Terceiro Setor identifica uma possível mudança na legislação que afetará sua área de atuação, pode antecipar-se a essa mudança e adaptar seus projetos e programas para cumprir as novas exigências.

Da mesma forma, se a Entidade prevê uma redução nos recursos financeiros disponíveis, pode desenvolver estratégias de diversificação de financiamento e buscar parcerias com outras organizações para garantir a continuidade de suas atividades.

A avaliação do ambiente externo desempenha um papel fundamental no desenvolvimento do planejamento estratégico para organizações do Terceiro Setor. A identificação de tendências emergentes e desafios futuros permite que essas organizações sejam mais ágeis e proativas em sua atuação, adaptando-se às mudanças do ambiente e maximizando seu impacto na sociedade.

Ao acompanhar as tendências emergentes, as organizações podem aproveitar as oportunidades que surgem com avanços tecnológicos, novas abordagens de sustentabilidade e mudanças de comportamento social. Além disso, a identificação de desafios futuros proporciona uma visão mais clara dos possíveis obstáculos e permite o desenvolvimento de estratégias para enfrentá-los de maneira eficaz.

Portanto, investir na avaliação do ambiente externo é essencial para que as organizações do Terceiro Setor possam se manter relevantes e sustentáveis em um ambiente competitivo e em constante mudança. Ao estar atentas às tendências e desafios emergentes, essas organizações estarão melhor preparadas para enfrentar os desafios e oportunidades do futuro, contribuindo de forma significativa para o desenvolvimento da sociedade como um todo.

# Oportunidades de Financiamento

Para que as organizações do Terceiro Setor possam realizar seus projetos e alcançar seus objetivos é necessário garantir recursos financeiros adequados. Nesse contexto, o mapeamento de oportunidades de financiamento em editais, empresas privadas, governos e fundos nacionais e internacionais desempenha um papel estratégico.

## Requisitos e Critérios de Financiamento

A avaliação dos requisitos e critérios de financiamento permite que as organizações do Terceiro Setor identifiquem as fontes de financiamento mais adequadas aos seus projetos e prioridades.

Cada fonte de financiamento pode ter diferentes áreas de foco, restrições orçamentárias, critérios de elegibilidade e exigências de prestação de contas. Ao avaliar esses requisitos, as organizações podem adaptar seus projetos e elaborar propostas que atendam aos critérios estabelecidos pelos financiadores (Cavalcanti & Rodrigues, 2020).

Ademais, a avaliação dos requisitos e critérios de financiamento permite que as organizações identifiquem as expectativas dos financiadores em relação ao impacto do projeto, à sustentabilidade financeira e ao monitoramento e avaliação dos resultados.

Compreender essas expectativas permite que as organizações planejem seus projetos de forma mais eficaz, alinhando-os às prioridades dos financiadores e aumentando suas chances de obter recursos financeiros.

A pesquisa e identificação de oportunidades de financiamento são etapas cruciais no planejamento estratégico de projetos. Apresentaremos a seguir estratégias e táticas eficazes para pesquisar e identificar oportunidades de financiamento disponíveis em nível nacional e internacional, incluindo editais, empresas privadas, órgãos governamentais e fundos internacionais.

## Pesquisa de Editais e Chamadas de Projetos:

Uma estratégia fundamental é realizar uma pesquisa ativa de editais e chamadas de projetos relacionados à área da Organização.

Essas informações podem ser encontradas em sites governamentais, plataformas de financiamento e portais de organizações dedicadas à promoção da área de atuação da entidade. É importante acompanhar regularmente esses recursos e definir alertas para receber notificações sobre novas oportunidades (Santos et al., 2022).

Em âmbito nacional, os editais lançados por órgãos governamentais representam uma importante fonte de financiamento para as organizações do Terceiro Setor. Esses editais geralmente buscam apoiar projetos que contribuam para o desenvolvimento social, ambiental e cultural.

A pesquisa e identificação desses editais permitem que as organizações conheçam as oportunidades disponíveis, os critérios de elegibilidade e os prazos de inscrição, possibilitando que elas preparem propostas que atendam às exigências e expectativas dos financiadores.

**Parcerias com Empresas Privadas:**

Estabelecer parcerias com empresas privadas comprometidas com a sustentabilidade pode ser uma estratégia eficaz para garantir financiamento. Empresas que possuem programas de responsabilidade social corporativa ou iniciativas de investimento social podem oferecer recursos financeiros para projetos. É importante identificar empresas alinhadas com os objetivos do projeto e desenvolver propostas de parceria que destaquem os benefícios mútuos (Gondim, 2021).

As empresas privadas também podem ser uma fonte significativa de financiamento para as organizações do Terceiro Setor. O mapeamento de oportunidades de financiamento nessas empresas permite que as organizações identifiquem potenciais parcerias e apresentem propostas que se alinhem às áreas de interesse e prioridades das empresas.

**Órgãos Governamentais e Agências de Fomento:**

Os órgãos governamentais e agências de fomento são fontes valiosas de financiamento para projetos. É importante acompanhar os programas e iniciativas dessas instituições, incluindo ministérios, secretarias estaduais e municipais, e agências de financiamento específicas (Amorim et al., 2022).

Participar de redes e eventos que envolvem esses órgãos pode fornecer insights sobre as oportunidades disponíveis.

**Fundos nacionais e Internacionais:**

Existem diversos fundos internacionais e organizações multilaterais que oferecem recursos financeiros para projetos em diferentes regiões do mundo.

Identificar e pesquisar essas fontes de financiamento, como o Fundo Global para o Meio Ambiente (GEF) e o Banco Mundial, pode proporcionar oportunidades de financiamento significativas. É necessário entender os critérios de elegibilidade e os requisitos específicos de cada fundo ou Organização para preparar propostas adequadas (OECD, 2021).

Os fundos nacionais e internacionais oferecem oportunidades de financiamento para organizações do Terceiro Setor que buscam realizar projetos com alcance mais amplo. Esses fundos estão geralmente voltados para áreas como desenvolvimento sustentável, direitos humanos, saúde e educação. A pesquisa e identificação desses fundos possibilitam que as organizações acessem recursos financeiros adicionais e expandam sua atuação para além das fronteiras nacionais.

**Redes e Parcerias com Organizações do Setor:**

Participar de redes e estabelecer parcerias com organizações do setor pode ampliar as oportunidades de financiamento.

Essas redes permitem o compartilhamento de informações, recursos e experiências relacionadas a projetos financiados. Além disso, colaborar com organizações com objetivos semelhantes pode fortalecer as propostas de financiamento por meio de abordagens conjuntas e complementares (Guimaraes & Silva, 2022).

Pesquisar e identificar oportunidades de financiamento em projetos requer uma abordagem estratégica e informada. A pesquisa ativa de editais e chamadas de projetos, a busca por parcerias com empresas privadas, o acompanhamento de órgãos governamentais e agências de fomento, a exploração de fundos internacionais e a participação em redes e parcerias são estratégias e táticas eficazes nesse processo.

É importante manter-se atualizado sobre as oportunidades disponíveis, adaptar as propostas de acordo com os requisitos específicos de cada fonte de financiamento e buscar colaborações para fortalecer as propostas. Essas estratégias ajudarão a maximizar as chances de obter financiamento para projetos.

Identificar empresas privadas, governos e fundos internacionais que tenham interesses alinhados aos objetivos e à missão da Entidade é fundamental para buscar parcerias estratégicas que possam contribuir financeiramente, tecnicamente ou com recursos complementares para os projetos da Organização.

A seguir algumas estratégias para realizar essa identificação e avaliação:

**Pesquisa e análise de atores relevantes:** Realizar uma pesquisa abrangente para identificar empresas privadas, governos e fundos internacionais que tenham atuação na área e cujos objetivos ou áreas de atuação estejam alinhados com os da Organização. Utilizar fontes como relatórios, publicações, sites institucionais e diretórios de organizações pode fornecer informações valiosas.

**Redes e parcerias existentes:** Explorar redes e parcerias já estabelecidas pela Organização, como outras organizações, redes ou entidades semelhantes. Essas conexões podem fornecer informações sobre possíveis parceiros que compartilham interesses comuns.

**Análise de sinergias:** Analisar a sinergia entre os objetivos da Organização e os interesses e estratégias dos parceiros em potencial. Identificar áreas de complementaridade em termos de recursos, conhecimentos ou experiência técnica pode fortalecer a parceria e aumentar as chances de colaboração bem-sucedida.

**Análise de políticas e programas:** Investigar as políticas e programas de empresas privadas, governos e fundos internacionais em relação aos temas focos da entidade. Analisar se suas prioridades, diretrizes e estratégias estão alinhadas com as áreas de atuação da Organização.

**Diálogo e engajamento:** Estabelecer um diálogo direto com os potenciais parceiros para compartilhar a missão, objetivos e atividades da Organização e explorar possibilidades de colaboração. Esses diálogos podem envolver reuniões, apresentações, envio de propostas e participação em eventos relevantes.

**Avaliação da capacidade de contribuição:** Uma vez identificados os potenciais parceiros, é importante avaliar sua capacidade de contribuir financeiramente, tecnicamente ou com recursos complementares para os projetos da Organização. Isso pode incluir a análise de seu histórico de financiamento de projetos, sua infraestrutura técnica, recursos humanos especializados e sua disposição para colaborar e compartilhar recursos.

É importante ressaltar que a avaliação dos parceiros potenciais deve levar em consideração critérios éticos e de responsabilidade socioambiental, como a conformidade com leis e regulamentações, histórico de conduta ética e transparência organizacional.

# Requisitos de financiamento

A avaliação dos requisitos e critérios de cada fonte de financiamento é essencial para garantir que os projetos da Organização estejam alinhados com as expectativas e prioridades dessas fontes. Iremos explorar estratégias e táticas para avaliar e compreender os requisitos de financiamento de diferentes fontes, incluindo editais, empresas privadas, órgãos governamentais e fundos internacionais.

Além de pesquisar e identificar oportunidades de financiamento, é fundamental que as organizações do Terceiro Setor avaliem os requisitos e critérios de cada fonte de financiamento. Cada financiador terá suas próprias expectativas, prioridades e critérios de avaliação. Compreender esses requisitos e critérios é essencial para alinhar os projetos da Entidade e aumentar as chances de sucesso na obtenção de recursos financeiros.

A avaliação dos requisitos e critérios de financiamento permite que as organizações do Terceiro Setor identifiquem as fontes de financiamento mais adequadas aos seus projetos e prioridades. Cada fonte de financiamento pode ter diferentes áreas de foco, restrições orçamentárias, critérios de elegibilidade e exigências de prestação de contas. Ao avaliar esses requisitos, as organizações podem adaptar seus projetos e elaborar propostas que atendam aos critérios estabelecidos pelos financiadores.

A avaliação dos requisitos de financiamento permite identificar os financiadores em relação à sustentabilidade financeira e ao monitoramento e avaliação dos resultados.

A seguir, algumas estratégias para busca de financiamentos:

**Consulta Direta à Fonte de Financiamento**
Outra estratégia é entrar em contato direto com a fonte de financiamento para esclarecer dúvidas e obter informações adicionais sobre os requisitos e critérios específicos. Isso pode ser feito por meio de e-mails, telefonemas ou participação em eventos, como webinars ou workshops promovidos pela fonte de financiamento. Essa interação direta ajuda a obter informações atualizadas e a compreender melhor as expectativas da fonte (Gomes & Santos, 2021).

**Pesquisa de Projetos Anteriores Financiados**
Uma tática eficaz é pesquisar projetos anteriores financiados pela fonte de financiamento em questão. Isso ajuda a compreender os tipos de projetos que foram apoiados anteriormente, bem como os resultados esperados e as abordagens valorizadas pela fonte. A análise desses projetos oferece insights valiosos para adaptar o projeto da Organização aos critérios e expectativas da fonte de financiamento (Silva et al., 2022).

**Análise Comparativa de Diferentes Fontes de Financiamento**

Uma tática útil é realizar uma análise comparativa dos requisitos e critérios de diferentes fontes de financiamento. Isso permite identificar semelhanças e diferenças entre as fontes e ajustar o projeto da Organização de acordo com as particularidades de cada fonte. Ao comparar as exigências, é possível identificar pontos em comum que podem ser enfatizados e adaptar a proposta para atender aos requisitos específicos de cada fonte (Martins et al., 2022).

**Análise Detalhada dos Guias e Documentos de Financiamento**

Uma estratégia inicial é realizar uma análise detalhada dos guias e documentos de financiamento disponibilizados por cada fonte. Esses materiais contêm informações sobre os objetivos, as prioridades, os critérios de elegibilidade e os requisitos específicos de cada fonte de financiamento. É importante ler cuidadosamente esses documentos e destacar as informações relevantes para o projeto da Organização (Pantoja et

**Consultoria Especializada em Financiamento**
Caso seja possível, buscar a consultoria especializada em financiamento pode ser uma estratégia valiosa. Esses consultores possuem vários conhecimentos aprofundados sobre diferentes fontes de financiamento e podem ajudar na análise dos requisitos e critérios, bem como na adaptação do projeto da Organização para atender às expectativas das fontes identificadas (Freitas & Mendes, 2021).

A avaliação cuidadosa dos requisitos e critérios de cada fonte de financiamento é fundamental para alinhar os projetos da Entidade às expectativas e prioridades das fontes. Estratégias como análise detalhada dos guias de financiamento, pesquisa de projetos anteriores financiados, consulta direta à fonte, análise comparativa entre fontes e busca de consultoria especializada podem auxiliar nesse processo.

Ao compreender as exigências de cada fonte, a Organização estará mais preparada para adaptar o projeto e aumentar as chances de obter financiamento adequado para suas iniciativas.

O mapeamento de oportunidades de financiamento em editais, empresas privadas, governos e fundos nacionais e internacionais é crucial para o Terceiro Setor.

A pesquisa e identificação dessas oportunidades permitem que as organizações acessem recursos financeiros necessários para a implementação de seus projetos e iniciativas. Além disso, a avaliação dos requisitos e critérios de financiamento é fundamental para alinhar os projetos da Organização às expectativas dos financiadores e aumentar as chances de sucesso na obtenção de recursos.

Portanto, investir tempo e esforço no mapeamento de oportunidades de financiamento é uma estratégia essencial para as organizações do Terceiro Setor.

Ao pesquisar e identificar as oportunidades disponíveis e avaliar os requisitos e critérios de financiamento, as organizações estarão melhor preparadas para enfrentar os desafios financeiros e obter os recursos necessários para realizar seu trabalho em prol do desenvolvimento social e da melhoria da qualidade de vida das comunidades atendidas.

# Avaliação da Concorrência

No contexto do Terceiro Setor, onde as organizações buscam promover o bem-estar social, é essencial que elas sejam estratégicas e inovadoras em suas abordagens. Para isso, a avaliação da concorrência e a avaliação comparativa de organizações semelhantes desempenham um papel crucial.

Essas práticas permitem que as organizações identifiquem e analisem outras entidades que atuam no mesmo campo de interesse ou região geográfica, compreendendo suas estratégias, projetos, modelos de captação de recursos e melhores práticas.

Neste ensaio, discutiremos a importância dessas atividades e como elas contribuem para o planejamento estratégico das organizações do Terceiro Setor (Nutt, 2002).

## Identificação e Análise de Organizações Semelhantes

A primeira etapa para a avaliação da concorrência e a avaliação comparativa é identificar e analisar outras organizações que atuam no mesmo campo de interesse ou região geográfica.

Essas organizações podem ser tanto concorrentes diretos, que têm objetivos semelhantes e competem pelos mesmos recursos e financiamentos, quanto organizações com propósitos similares, mas que atuam em diferentes áreas geográficas.

Ao identificar essas organizações, é possível analisar suas estratégias, projetos, modelos de captação de recursos e melhores práticas. Isso envolve uma análise detalhada das abordagens adotadas por essas organizações para alcançar seus objetivos, incluindo seus programas e serviços, estratégias de mobilização de recursos, estrutura organizacional e modelos de governança.

Essa análise permite que as organizações do Terceiro Setor obtenham uma compreensão mais ampla do ambiente em que atuam e identifiquem oportunidades de aprendizado e inovação (Prahalad & Hamel, 1990).

## *Benchmarking* para Aprendizado e Inovação

A avaliação comparativa (*Benchmarking*) é uma ferramenta importante para a avaliação da concorrência e a obtenção de insights valiosos para o planejamento estratégico das organizações do Terceiro Setor.

Esse processo envolve a comparação das práticas e desempenho de uma Organização com as de outras organizações referências, sejam elas concorrentes diretas ou de outros setores. O objetivo é identificar oportunidades de melhoria, adaptando as abordagens bem-sucedidas de outras organizações ao contexto específico da entidade em questão.

A avaliação comparativa pode abranger várias áreas, como estratégia, captação de recursos, gestão de programas, governança e impacto social.

Ao examinar as estratégias e práticas das organizações semelhantes, as organizações do Terceiro Setor podem identificar abordagens eficazes que podem ser adaptadas e implementadas em seu próprio contexto.

Isso pode incluir a adoção de estratégias de captação de recursos inovadoras, a melhoria dos processos de monitoramento e avaliação de impacto, ou a implementação de programas bem-sucedidos em outras regiões geográficas (Rigby, Sutherland & Takeuchi, 2016).

Essa análise comparativa permite que as organizações do Terceiro Setor identifiquem oportunidades de aprendizado e inovação, melhorando suas próprias práticas e abordagens.

Ao adotar as melhores práticas identificadas por meio da avaliação comparativa, as organizações podem aprimorar sua eficiência operacional, aumentar sua capacidade de captação de recursos e alcançar resultados mais significativos em seus projetos e programas.

## Contribuição para o Planejamento Estratégico

A avaliação da concorrência e a avaliação comparativa de organizações semelhantes desempenham um papel fundamental no planejamento estratégico das organizações do Terceiro Setor.

Essas atividades fornecem uma análise aprofundada do ambiente externo em que a Organização está inserida, permitindo que ela esteja alinhada com as tendências do setor, identifique oportunidades de financiamento relevantes e desenvolva abordagens inovadoras e competitivas para enfrentar os desafios (Waddock, 2008).

Ao compreender as estratégias e melhores práticas de organizações semelhantes, as entidades do Terceiro Setor podem adaptar e aplicar esses conhecimentos ao seu próprio contexto, melhorando seu desempenho e aumentando sua capacidade de impacto.

A análise comparativa também permite que as organizações identifiquem lacunas em relação às práticas de referência, orientando o desenvolvimento de estratégias de melhoria contínua.

A avaliação da concorrência e a avaliação comparativa de organizações semelhantes possibilitam identificar e analisar outras organizações que atuam no mesmo campo de interesse ou região geográfica possibilitando que as organizações compreendam melhor o ambiente em que operam, identifiquem oportunidades de aprendizado e inovação e melhorem suas próprias práticas.

A avaliação comparativa permite a comparação de práticas e desempenho, facilitando a adoção de abordagens bem-sucedidas de outras organizações e impulsionando a melhoria contínua (Wernerfelt, 1984).

Ao incorporar a avaliação da concorrência e a avaliação comparativa em seu processo de planejamento estratégico, as organizações do Terceiro Setor podem aumentar sua competitividade, aprimorar sua eficácia operacional e alcançar resultados mais significativos em sua missão de promover o desenvolvimento social e a melhoria da qualidade de vida das comunidades atendidas.

# Definição da Visão

A formulação da visão é um componente essencial do planejamento estratégico de uma Entidade do terceiro setor. A visão representa o futuro desejado da Organização, descrevendo de forma inspiradora e motivadora o que ela aspira alcançar a longo prazo (Kaplan & Norton, 1996).

## Desenvolvimento da Declaração de Visão

A formulação da visão começa com o desenvolvimento de uma declaração que descreva o futuro desejado para a Organização. Essa declaração deve considerar a área de atuação da Entidade e os objetivos de longo prazo que ela pretende alcançar. É importante que a declaração de visão seja clara, concisa e transmita a essência do propósito da Organização.

Uma visão eficaz deve ser inspiradora, desafiadora e mobilizadora. Ela deve despertar a imaginação e o entusiasmo dos membros da equipe e das partes interessadas, criando uma sensação de propósito e direção comum (Pearce & Robinson, 2009).

Uma visão inspiradora pode ser o impulso necessário para superar os desafios e buscar a excelência na busca dos objetivos da Organização.

## A Direção Clara e Motivadora

Uma das principais contribuições da formulação da visão é fornecer uma direção clara e motivadora para a Organização do terceiro setor. Ela serve como um guia estratégico que orienta as decisões e ações da equipe, alinhando todos em torno de um objetivo comum.

Uma visão bem formulada permite que os membros da equipe entendam como seu trabalho se encaixa no contexto mais amplo da Organização e sintam-se motivados a contribuir para sua realização (Senge, 1990).

Além disso, uma visão clara e motivadora atrai e envolve as partes interessadas da Entidade, como doadores, voluntários e beneficiários. Ao comunicar uma visão inspiradora, a Organização do terceiro setor pode atrair apoio e recursos, bem como construir parcerias estratégicas que impulsionem seu impacto social. A visão cria uma identidade distintiva para a Organização, diferenciando-a das demais e estimulando o engajamento das partes interessadas.

A visão também desempenha um papel fundamental na orientação do desenvolvimento de estratégias e ações da Entidade.

Ao ter uma visão clara do futuro desejado, a Entidade pode estabelecer metas e objetivos que estejam alinhados com essa visão. Isso permite uma alocação eficiente de recursos e uma tomada de decisão mais estratégica, orientada para a realização da visão de longo prazo (Werther Jr & Chandler, 2011).

A formulação da visão desempenha um papel crucial no planejamento estratégico das organizações do terceiro setor.

Através do desenvolvimento de uma declaração inspiradora que descreve o futuro desejado, a visão fornece uma direção clara e motivadora para a Organização, orientando as ações e decisões da equipe e das partes interessadas. Uma visão eficaz estimula o engajamento, atrai apoio e recursos, e orienta o desenvolvimento de estratégias para alcançar os objetivos de longo prazo da Entidade.

# Definição da Missão

A elaboração da missão desempenha um papel fundamental no planejamento estratégico das organizações do terceiro setor. A missão representa a declaração do propósito da Organização, descrevendo de forma concisa e clara suas atividades principais e o impacto desejado na solução dos problemas que pretende atacar.

Neste ensaio, discutiremos a importância da elaboração da missão nas organizações do terceiro setor, considerando a necessidade de desenvolver uma declaração que comunique de forma efetiva o que a Organização busca alcançar e como ela se diferencia de outras organizações no mesmo campo (Drucker, 1992).

## A Declaração do Propósito da Organização

A elaboração da missão envolve o desenvolvimento de uma declaração que descreva o propósito da Organização. Essa declaração deve ser concisa, clara e comunicar de forma efetiva o que a Entidade busca alcançar. Ela deve responder às perguntas fundamentais sobre o que a Entidade faz, quem ela serve e qual o impacto desejado em relação aos problemas que pretende enfrentar.

Uma missão bem elaborada proporciona uma base sólida para a identidade e direção da Organização.

A missão serve como um guia para as atividades e tomadas de decisão, alinhando todos os membros da equipe e partes interessadas em torno de um objetivo comum.

Além disso, a missão ajuda a estabelecer a legitimidade da Organização, fornecendo uma razão clara e justificativa para sua existência e trabalho (Kotler & Lee, 2005).

## Comunicando o Propósito e Diferenciação

A missão não apenas descreve o propósito da Entidade, mas também comunica como ela se diferencia de outras organizações no mesmo campo. Ela deve destacar as atividades e abordagens únicas que a Organização adota para resolver os problemas identificados.

A missão deve transmitir de forma clara e convincente as vantagens competitivas e o valor agregado que a Organização oferece.

Uma missão efetiva permite que a Entidade se posicione estrategicamente e se destaque no mercado do terceiro setor. Ela ajuda a estabelecer uma identidade distintiva e uma reputação sólida, atraindo apoio, recursos e parcerias estratégicas.

Ao comunicar de forma efetiva sua missão, a Organização pode envolver e engajar partes interessadas, como doadores, voluntários e beneficiários, que compartilham dos mesmos valores e visão (Pearce & Robinson, 2019).

Além disso, uma missão bem elaborada fornece um critério para a tomada de decisões estratégicas. Ela serve como um filtro para avaliar oportunidades e iniciativas, garantindo que elas estejam alinhadas com o propósito central da Entidade. Isso ajuda a evitar dispersão de recursos e esforços em atividades que não contribuem diretamente para a missão e o impacto desejado.

A elaboração da missão é um elemento crucial no planejamento estratégico das organizações do terceiro setor. Uma missão bem elaborada proporciona uma direção clara, identidade distintiva e propósito compartilhado para a Organização.

A missão comunica o propósito da Entidade e diferenciação em relação a outras entidades do mesmo campo, atraindo apoio, recursos e parcerias estratégicas. Além disso, a missão orienta a tomada de decisões estratégicas, garantindo que as atividades estejam alinhadas com o propósito central da Organização (Simanis & Hart, 2009).

# Definição de valores

No contexto das organizações do terceiro setor, a definição dos valores desempenha um papel fundamental no planejamento estratégico.

Os valores representam os princípios éticos e morais que guiam as ações da Organização, refletindo sua identidade e propósito, considerando sua influência na orientação do comportamento dos membros da equipe e na base sólida para a tomada de decisões e condução das atividades (Simanis & Hart, 2009).

## Princípios Éticos e Morais como Base Identitária

A definição dos valores em uma Organização do terceiro setor permite identificar os princípios éticos e morais que orientam suas ações e refletem sua identidade organizacional. Esses valores representam crenças e convicções compartilhadas pelos membros da Entidade, estabelecendo uma base sólida para suas atividades e relacionamentos.

Os valores podem abranger uma variedade de aspectos, como transparência, responsabilidade, equidade, solidariedade, respeito à diversidade, sustentabilidade, entre outros. Esses princípios éticos e morais são essenciais para guiar a conduta da Organização e estabelecer a confiança com as partes interessadas, como doadores, voluntários, beneficiários e parceiros (Porter & Kramer, 2011).

## Comportamento dos Membros da Equipe

A definição dos valores também desempenha um papel fundamental na orientação do comportamento dos membros da equipe. Os valores organizacionais fornecem um conjunto de diretrizes que influenciam as decisões e ações dos indivíduos envolvidos na Organização.

Ao estabelecer valores claros e compartilhados, a Entidade cria um ambiente onde os membros da equipe têm uma compreensão comum sobre o que é esperado em termos de comportamento ético e profissional. Os valores ajudam a criar uma cultura organizacional positiva, incentivando a cooperação, o respeito mútuo e a responsabilidade individual (Kotler & Lee, 2005).

## Base Sólida para Tomada de Decisões

Além de orientar o comportamento, os valores também fornecem uma base sólida para a tomada de decisões e a condução das atividades da Organização. Ao se deparar com escolhas e desafios, os valores atuam como critérios para a avaliação das opções disponíveis.

Os valores organizacionais ajudam a garantir que as decisões sejam tomadas em consonância com o propósito e a missão da Organização, alinhando-se aos princípios éticos e morais estabelecidos. Isso contribui para a coerência e consistência nas ações da Entidade, fortalecendo sua reputação e legitimidade.

Além disso, os valores organizacionais fornecem uma bússola para a condução das atividades da Organização. Eles ajudam a definir prioridades, estabelecer metas e direcionar os esforços para alcançar os objetivos estratégicos.

Os valores também servem como um referencial para a avaliação de parcerias e projetos, garantindo que estejam alinhados com os princípios fundamentais da Entidade (Drayton & Budinich, 2010).

Os valores representam os princípios éticos e morais que guiam as ações da Organização, refletindo sua identidade e propósito. Eles orientam o comportamento dos membros da equipe, fornecendo uma base sólida para a tomada de decisões e a condução das atividades. Ao estabelecer valores claros e compartilhados, a Entidade cria uma cultura organizacional positiva e uma direção unificada para alcançar seus objetivos.

**Exemplos de Princípios Éticos e Morais**

- **Compromisso com a justiça ambiental:** Buscar promover a equidade e a justiça ambiental, reconhecendo a interseção entre questões socioeconômicas e ambientais. Defender o direito de todas as pessoas, independentemente de sua origem social, gênero, etnia ou localização geográfica, a viver em um ambiente saudável e seguro.

- **Transparência e prestação de contas:** Valorizar a transparência em todas as nossas ações e tomadas de decisão. Buscar ser responsáveis perante nossos membros, parceiros, comunidades e o público em geral, fornecendo informações claras sobre nossas atividades, recursos e resultados.

- **Respeito à diversidade:** Celebrar e valorizamos a diversidade de perspectivas, conhecimentos e experiências. Reconhecer que a proteção do meio ambiente requer uma abordagem inclusiva, na qual todas as vozes sejam ouvidas e todas as pessoas sejam respeitadas, independentemente de sua origem cultural, religiosa ou identidade de gênero.

- **Ciência e conhecimento baseado em evidências:** Valorizar a ciência e o conhecimento baseado em evidências como guias fundamentais para nossas ações. Buscar estar atualizados com as últimas descobertas científicas e integrá-las as estratégias e projetos.

- **Colaboração e parcerias:** Reconhecer a importância da colaboração e da construção de parcerias estratégicas para promover a resolução dos problemas que se pretende atacar. Trabalhar em conjunto com governos, empresas, organizações da sociedade civil e comunidades locais, buscando soluções compartilhadas e o engajamento de todos os atores relevantes.

- **Colaboração e parcerias:** Reconhecer a importância da colaboração e da construção de parcerias estratégicas para promover a resolução dos problemas que se pretende atacar. Trabalhar em conjunto com governos, empresas, organizações da sociedade civil e comunidades locais, buscando soluções compartilhadas e o engajamento de todos os atores relevantes.

- **Integridade e ética:** Agir com integridade em todas as nossas relações e nos esforçamos para manter altos padrões éticos em nossas atividades. Rejeitar práticas fraudulentas, corrupção e qualquer forma de exploração do meio ambiente ou das pessoas.

- **Empoderamento e participação da comunidade:** Buscar capacitar as comunidades locais e incentivar sua participação ativa na tomada de decisões relacionadas ao meio ambiente. Reconhecer que as comunidades são detentoras de conhecimentos tradicionais e experiências valiosas e que seu envolvimento é essencial para o sucesso das iniciativas.

Esses princípios éticos e morais são a base da identidade organizacional e devem guiar todas as ações. Eles refletem a crença na importância da justiça, da transparência, do respeito, da integridade, da colaboração, do conhecimento científico, do empoderamento e da participação comunitária para a construção de um futuro melhor.

# Recursos humanos disponíveis

Para garantir que as organizações atinjam seus objetivos de maneira eficiente, é crucial identificar e avaliar adequadamente os recursos humanos disponíveis. Esse processo permite que as organizações do terceiro setor aloquem corretamente seus recursos humanos, aproveitando as habilidades e competências necessárias para o sucesso de suas iniciativas.

## Identificação de Recursos Humanos

A identificação dos recursos humanos disponíveis para uma Organização do terceiro setor envolve uma análise detalhada das habilidades, conhecimentos e experiências de cada membro da equipe, voluntários e consultores externos.

É essencial ter uma visão holística e abrangente de todos os recursos humanos disponíveis, incluindo competências técnicas, habilidades interpessoais e experiência relevante para a área de atuação da entidade.

A identificação eficaz envolve a criação de perfis individuais, que podem incluir currículos, entrevistas, análise de portfólio e referências. Essas informações fornecem uma base sólida para avaliar a adequação dos recursos humanos disponíveis às necessidades estratégicas da entidade (Fleury & Fleury, 2003).

Ao analisar os recursos humanos disponíveis na Organização Social, é possível identificar uma diversidade de profissionais e colaboradores qualificados que contribuem para o trabalho e o sucesso da Organização.

Essa variedade de recursos humanos traz consigo um conjunto de habilidades, conhecimentos e experiências que podem ser aproveitados de maneira estratégica para alcançar os objetivos da Entidade.

## Avaliação de Recursos Humanos

A avaliação adequada dos recursos humanos disponíveis é fundamental para uma alocação eficiente de tarefas e responsabilidades dentro da organização do terceiro setor.

Existem diversas técnicas de avaliação, incluindo avaliações de desempenho, avaliações comportamentais, testes de habilidades e entrevistas estruturadas. Além disso, a avaliação deve levar em consideração fatores como motivação, comprometimento e adaptabilidade dos indivíduos.

Ao utilizar técnicas válidas e confiáveis, é possível obter uma compreensão abrangente do potencial de cada recurso humano e de como eles podem contribuir para os objetivos estratégicos da organização (Marras, 2014).

A Organização pode recorrer a consultores externos especializados para desenvolver projetos específicos, caso haja demanda. Esses consultores podem trazer conhecimentos especializados e experiências relevantes que complementam as habilidades da equipe interna.

Eles podem ser selecionados com base em suas áreas de expertise e experiência comprovada em questões do tema do projeto que se pretende desenvolver, fornecendo uma visão externa e estratégica para a Organização.

## Importância dos Recursos Humanos no Terceiro Setor

Os recursos humanos desempenham um papel crítico no terceiro setor, pois são responsáveis pela implementação das estratégias e ações necessárias para alcançar os objetivos da entidade.

A identificação e avaliação adequadas dos recursos humanos garantem que a organização possua as competências necessárias para lidar com os desafios específicos enfrentados pelo setor.

Além disso, a colaboração entre a equipe da entidade, voluntários e consultores externos permite o compartilhamento de conhecimentos e experiências, aumentando a eficácia das iniciativas do terceiro setor (Pires, 2012).

A identificação e avaliação de recursos humanos são etapas fundamentais no processo de planejamento estratégico para organizações do terceiro setor no Brasil.

Ao compreender as habilidades, conhecimentos e experiências dos membros da equipe, voluntários e consultores externos, é possível alocar recursos de maneira eficiente e eficaz para atingir os objetivos da organização. A utilização de técnicas de identificação e avaliação adequadas contribui para a tomada de decisões fundamentadas e para a maximização do impacto das ações do terceiro setor.

A atenção dedicada à gestão de recursos humanos fortalece as organizações do terceiro setor e, consequentemente, sua capacidade de enfrentar os desafios sociais, ambientais e econômicos (Reis, Costa & Guedes, 2017).

Avaliar os recursos humanos disponíveis na Organização é essencial para identificar as habilidades e conhecimentos existentes, bem como possíveis lacunas a serem preenchidas.

Essa avaliação permite que a Entidade aproveite ao máximo o potencial de sua equipe, distribua as responsabilidades de maneira adequada e identifique áreas em que podem ser necessários recursos adicionais, como a contratação de consultores externos ou o recrutamento de mais voluntários.

É importante ressaltar que a colaboração, o trabalho em equipe e a valorização de cada indivíduo são fundamentais para o bom funcionamento da Entidade. Promover um ambiente inclusivo, no qual todos os membros se sintam valorizados e motivados, é essencial para o alcance dos objetivos da Organização.

# Recursos financeiros

A gestão financeira eficaz é fundamental para garantir a sustentabilidade e o sucesso das organizações. Neste contexto, a análise dos recursos financeiros permite a identificação de fontes de financiamento, alocação adequada de recursos e tomada de decisões estratégicas.

Para cumprir suas missões, as organizações dependem de recursos financeiros adequados e eficientes.

A análise dos recursos financeiros é um componente-chave do planejamento estratégico, permitindo a compreensão da situação financeira atualizada (Barbosa & Novaes, 2016).

**Análise dos Recursos Financeiros**

**Orçamento Disponível:** A análise do orçamento disponível é fundamental para uma gestão financeira eficaz. Envolve a avaliação das receitas e despesas da Organização, permitindo o monitoramento do fluxo de caixa, a identificação de possíveis déficits ou excedentes, e a tomada de decisões baseadas em informações financeiras sólidas. A análise cuidadosa do orçamento disponível ajuda a definir prioridades e a estabelecer metas realistas para a entidade.

**Fontes de Receita:** A diversificação das fontes de receita é uma prática recomendada para organizações do terceiro setor.

A análise das fontes de receita existentes, como doações, financiamentos governamentais, eventos de captação de recursos e programas de parcerias, permite identificar as mais relevantes e avaliar sua sustentabilidade a longo prazo. Além disso, a análise auxilia na identificação de novas oportunidades de financiamento, reduzindo a dependência excessiva de uma única fonte.

**Patrocínios e Doações:** A análise dos patrocínios e doações recebidos é fundamental para entender o impacto dessas contribuições e para garantir sua adequada aplicação. Envolve a avaliação da compatibilidade entre os valores da organização e os valores dos patrocinadores e doadores. Além disso, a análise permite identificar possíveis oportunidades de parcerias estratégicas e estabelecer relacionamentos duradouros com patrocinadores e doadores.

**Planejamento de Longo Prazo:** A análise dos recursos financeiros também é crucial para o planejamento de longo prazo das organizações do terceiro setor. Isso inclui a projeção de receitas e despesas, a criação de reservas financeiras para períodos de incerteza e a realização de investimentos estratégicos. A análise financeira de cenários hipotéticos e de variáveis econômicas permite a tomada de decisões informadas e a adaptação às mudanças no ambiente externo.

Ao analisar o orçamento disponível, as fontes de receita, os patrocínios e as doações, as organizações podem tomar decisões estratégicas informadas, garantir a alocação eficiente de recursos e promover a transparência na gestão financeira (Cangussu & Silveira, 2021).

Neste processo é importante considerar uma variedade de fontes de receita que podem contribuir para o financiamento das atividades e projetos da Organização. Essas fontes podem incluir os itens abaixo:

- **Mensalidades dos associados:** As mensalidades dos associados representam uma importante fonte de receita para a Entidade. Essas contribuições regulares dos membros da Organização fornecem um fluxo de caixa estável que pode ser utilizado para cobrir despesas operacionais, administrativas e a realização de projetos específicos.

- **Captação de recursos de empresas públicas e privadas:** A Entidade pode buscar parcerias e acordos de colaboração com empresas públicas e privadas interessadas em promover a solução dos problemas focos da entidade. Essas parcerias podem incluir patrocínios, doações financeiras, apoio em projetos específicos ou investimentos em iniciativas da organização. Serão estabelecidos critérios claros e alinhados com os objetivos da Organização ao buscar parcerias com empresas, garantindo a coerência e a integridade das ações realizadas.

- **Fundos nacionais e internacionais:** Existem diversos fundos disponíveis tanto em nível nacional quanto internacional que podem fornecer recursos financeiros para a Organização. Esses fundos geralmente são direcionados a projetos e iniciativas que visam resolução de problemas sociais e o desenvolvimento de soluções inovadoras. É necessário realizar pesquisas e estar atento aos editais e oportunidades de financiamento disponíveis.

- **Projetos para resolução ou estudo de problemáticas:** A Organização pode desenvolver projetos específicos que visam resolver ou estudar problemáticas relevantes. Esses projetos podem ser financiados por instituições governamentais, organizações não governamentais, fundações e agências de fomento à pesquisa. Sempre buscando projetos consistentes, alinhados com as prioridades dos financiadores e com um plano de execução claro e viável.

- **Patrocínios e doações de pessoas físicas e jurídicas:** A Organização pode buscar patrocínios e doações de pessoas físicas e jurídicas que compartilham dos mesmos valores e objetivos. Essas contribuições podem ser realizadas de forma pontual ou regular, e podem ser direcionadas para financiar projetos específicos, atividades educativas, campanhas de conscientização ou ações de colaboradores. Desenvolver parcerias e manter um relacionamento próximo com potenciais doadores e patrocinadores.

A avaliação dos recursos financeiros disponíveis na Organização é fundamental para garantir a sustentabilidade financeira e o sucesso das iniciativas. É importante realizar uma análise periódica do orçamento, das fontes de receita e dos gastos para garantir uma gestão financeira eficiente e transparente.

# Recursos tecnológicos

No atual cenário digital, as tecnologias desempenham um papel fundamental na eficiência operacional e no alcance dos objetivos estratégicos das organizações do terceiro setor. A avaliação adequada dos recursos tecnológicos disponíveis permite identificar lacunas, planejar investimentos, melhorar a tomada de decisão e impulsionar a inovação.

As organizações do terceiro setor enfrentam desafios complexos para atender às demandas sociais. A utilização eficaz dos recursos tecnológicos disponíveis pode ser um diferencial para o sucesso dessas organizações.

A avaliação dos recursos tecnológicos, que inclui a infraestrutura de TI, os sistemas de informação e os equipamentos, é um componente-chave do planejamento estratégico.

Através dessa avaliação, as organizações podem identificar oportunidades de melhoria, planejar investimentos em tecnologia, otimizar processos internos e aumentar sua capacidade de inovação.

Esses recursos tecnológicos desempenham um papel fundamental na coleta, armazenamento, análise e disseminação de informações relevantes para a tomada de decisões e para o desenvolvimento de projetos.

A seguir, são apresentados alguns aspectos importantes a serem considerados:

- **Infraestrutura de TI:** A avaliação da infraestrutura de TI é fundamental para determinar a capacidade tecnológica da Organização. Isso inclui a análise do hardware, software, redes, segurança da informação e acesso à internet. Através dessa avaliação, é possível identificar gargalos, lacunas e necessidades de atualização tecnológica. Uma infraestrutura de TI adequada permite a realização eficiente das atividades operacionais e o suporte ao desenvolvimento de projetos e programas do terceiro setor.

A infraestrutura de TI abrange os componentes físicos e virtuais necessários para suportar as operações da Organização, como servidores, redes de comunicação, dispositivos de armazenamento e sistemas de backup. É importante avaliar a robustez e a capacidade dessa infraestrutura para garantir a segurança e a disponibilidade dos dados e sistemas utilizados pela Organização.

- **Sistemas de Informação:** Os sistemas de informação desempenham um papel crucial no gerenciamento de dados e informações nas organizações do terceiro setor. A avaliação dos sistemas existentes permite identificar sua eficiência, usabilidade e capacidade de suportar as necessidades da organização. Além disso, a análise dos sistemas de informação ajuda a identificar possíveis integrações entre diferentes sistemas, otimizando a comunicação interna e a troca de informações.

Os sistemas de informação são responsáveis pela coleta, processamento, armazenamento e análise de dados relevantes para a Organização.

Isso inclui sistemas de gerenciamento de projetos, bancos de dados, sistemas de monitoramento ambiental, plataformas de comunicação e colaboração, entre outros. É fundamental avaliar a eficácia e a eficiência desses sistemas, considerando suas funcionalidades, capacidade de integração e usabilidade.

- **Equipamentos:** A avaliação dos equipamentos utilizados pelas organizações do terceiro setor é importante para garantir sua adequação às necessidades e aos requisitos tecnológicos. Através dessa avaliação, é possível identificar a necessidade de atualização ou substituição de equipamentos obsoletos, visando a melhoria da eficiência operacional e a redução de custos.

Os equipamentos tecnológicos necessários podem incluir computadores, laptops, tablets, smartphones, impressoras, equipamentos de monitoramento ambiental e outros dispositivos específicos para as atividades da Organização. É importante avaliar a disponibilidade e a qualidade desses equipamentos, levando em consideração as necessidades dos membros da equipe e a compatibilidade com os sistemas utilizados.

- **Inovação e Transformação Digital:** A avaliação dos recursos tecnológicos permite às organizações do terceiro setor explorar oportunidades de inovação e transformação digital. Através dessa análise, é possível identificar tecnologias emergentes e tendências de mercado relevantes para a atuação da organização.

A adoção estratégica dessas tecnologias pode impulsionar a eficiência operacional, melhorar a comunicação com partes interessadas e ampliar o alcance do impacto social.

A avaliação dos recursos tecnológicos é fundamental para as organizações do terceiro setor, permitindo a identificação de lacunas e a tomada de decisões informadas no que diz respeito à infraestrutura de TI, sistemas de informação e equipamentos.

Ao analisar adequadamente esses recursos, as organizações podem melhorar a eficiência operacional, aumentar a capacidade de inovação e fortalecer o alcance de seus objetivos estratégicos.

# Competências da equipe

A equipe de uma organização do terceiro setor desempenha um papel fundamental no alcance dos objetivos e na implementação de suas ações estratégicas. A avaliação adequada das competências e habilidades da equipe permite identificar lacunas de conhecimento e habilidades, além de possibilitar o planejamento de treinamentos, contratações e parcerias estratégicas para preencher essas lacunas.

No terceiro setor, as organizações enfrentam desafios complexos para alcançar suas metas e promover impacto social positivo. A equipe desempenha um papel crucial nesse processo, uma vez que suas competências, expertise e habilidades são essenciais para o enfrentamento de problemas, promoção de valores, gestão de projetos, captação de recursos e comunicação efetiva (Carvalho, Ferreira & Silva, 2019).

A avaliação dessas competências é fundamental para identificar as habilidades existentes na equipe e as lacunas de conhecimento que podem ser preenchidas. Além disso, essa avaliação possibilita a identificação de necessidades de treinamento, contratações ou parcerias estratégicas.

**Avaliação das Competências**

**Identificação das Competências e Habilidades:** A avaliação das competências e habilidades da equipe envolve a identificação dos conhecimentos e capacidades individuais relacionados às áreas de atuação da Organização.

Isso inclui a análise das habilidades técnicas, conhecimentos específicos, experiência profissional e habilidades interpessoais dos membros da equipe. Ao realizar essa avaliação, é possível identificar as competências existentes e compreender como elas podem ser aplicadas para alcançar os objetivos da Organização (Lemos & Oliveira, 2020).

**Mapeamento das Lacunas de Habilidades:** A avaliação também permite identificar lacunas de habilidades e conhecimentos na equipe, ou seja, áreas em que a Organização precisa de mais expertise para enfrentar desafios específicos. Essas lacunas podem ser relacionadas a temas como gestão de projetos, captação de recursos, comunicação efetiva ou outras áreas específicas de atuação da organização. Ao identificar essas lacunas, a entidade pode desenvolver estratégias para preenchê-las, como treinamentos internos ou externos, contratações ou parcerias estratégicas (Cruz, 2019).

**Desenvolvimento de Competências:** A avaliação das competências, expertise e habilidades da equipe é o ponto de partida para o desenvolvimento contínuo dos membros da entidade. Com base nessa avaliação, é possível planejar e implementar programas de treinamento e capacitação que visem a desenvolver as habilidades necessárias para o alcance dos objetivos estratégicos da organização. Além disso, a avaliação também permite identificar talentos internos e oferecer oportunidades de crescimento e desenvolvimento profissional aos membros da equipe (Borges-Andrade & Abbad, 2019).

**Contratações e Parcerias Estratégicas:** A avaliação das competências da equipe auxilia na identificação de lacunas que não podem ser preenchidas internamente por meio de treinamentos. Nesses casos, a organização pode considerar a contratação de novos membros para agregar expertise específica à equipe. Além disso, a avaliação também possibilita a identificação de parcerias estratégicas com outras organizações ou profissionais externos que possuam as competências necessárias para complementar as capacidades da equipe existente (Martins & Ribeiro, 2019).

Ao identificar e avaliar as competências, expertises e habilidades da equipe é importante considerar as áreas de atuação da Entidade e as necessidades específicas relacionadas ao tema central da entidade, captação de recursos, gestão de projetos e comunicação (Maranhão & Oliveira, 2018).

Com base na premissa de que os integrantes da Organização possuem formação escolar diferenciada, é possível destacar algumas competências e habilidades relevantes:

- **Pesquisa na área:** É fundamental possuir habilidades em metodologia científica, coleta e análise de dados, e interpretação dos resultados, a fim de desenvolver pesquisas relevantes e contribuir para a compreensão e solução de problemas.

- **Captação de recursos:** A equipe deve desenvolver habilidades em captação de recursos para garantir o financiamento dos projetos da Organização. Isso inclui a identificação de oportunidades de financiamento, a elaboração de propostas de projetos, a negociação com patrocinadores e a gestão de parcerias com organizações e instituições financeiras. Competências em comunicação persuasiva e elaboração de relatórios são essenciais nesse contexto.

- **Gestão de projetos:** A equipe possui conhecimentos em gestão de projetos para planejar, implementar e avaliar as atividades desenvolvidas pela Organização. Isso envolve habilidades em definição de objetivos, elaboração de cronogramas, gestão de recursos, monitoramento de indicadores de desempenho e avaliação de resultados. Competências em liderança, trabalho em equipe e tomada de decisões são importantes nessa área.

- **Comunicação:** A equipe possui habilidades em comunicação para disseminar informações sobre as atividades da Organização, conscientizar a sociedade sobre questões de interesse da entidade e mobilizar apoio para as iniciativas. Isso inclui habilidades em produção de materiais de divulgação, gestão de mídias sociais, realização de eventos, realização de palestras e negociação com diferentes públicos. Competências em comunicação oral e escrita, além de habilidades de negociação e relacionamento interpessoal, são relevantes nesse contexto.

A avaliação das competências, expertise e habilidades da equipe é essencial para o terceiro setor. Essa avaliação permite identificar as competências existentes na equipe, mapear as lacunas de habilidades e conhecimentos e planejar estratégias de desenvolvimento, contratações ou parcerias estratégicas.

É por meio dessa avaliação que as organizações do terceiro setor podem garantir a adequação das habilidades da equipe às necessidades da Organização, fortalecendo assim a capacidade de enfrentar desafios e alcançar seus objetivos.

## Lacunas de habilidades e conhecimentos

Para identificar lacunas de habilidades e conhecimentos de uma entidade do Terceiro Setor é necessário realizar uma análise das necessidades da Organização em relação às competências requeridas para alcançar seus objetivos.

Isso pode ser feito por meio de avaliações individuais dos membros da equipe, revisão dos projetos em andamento, análise dos resultados obtidos e identificação das áreas em que há deficiências ou necessidades de aprimoramento.

- **Definição das necessidades de capacitação:** Com base na identificação das lacunas, é possível determinar quais habilidades e conhecimentos são necessários para preenchê-las. Essa etapa envolve a definição de competências específicas que a equipe precisa desenvolver ou aprimorar para realizar suas atividades de forma mais eficiente e eficaz.

- **Desenvolvimento de treinamentos internos:** Uma opção para preencher as lacunas de habilidades é investir em treinamentos internos. Isso pode ser feito por meio da realização de workshops, cursos, palestras e capacitações ministradas por membros da equipe com expertise nas áreas específicas. Esses treinamentos podem abranger temas relacionados à gestão de projetos, comunicação, captação de recursos, entre outros. Além disso, a troca de conhecimentos entre os membros da equipe também pode ser incentivada por meio de programas de mentoria e compartilhamento de boas práticas.

- **Contratação de profissionais especializados:** Quando as lacunas de habilidades e conhecimentos são significativas e não podem ser preenchidas internamente, pode ser necessário considerar a contratação de profissionais especializados. Esses profissionais podem trazer conhecimentos específicos e experiências relevantes para a Organização, contribuindo para o alcance de seus objetivos. É importante realizar um processo seletivo criterioso, levando em consideração as competências necessárias e a cultura organizacional da Organização.

- **Parcerias estratégicas:** Outra forma de preencher lacunas de habilidades e conhecimentos é estabelecer parcerias estratégicas com outras organizações ou instituições de ensino e pesquisa. Essas parcerias podem envolver a realização de projetos conjuntos, intercâmbio de conhecimentos e recursos, compartilhamento de boas práticas e capacitações específicas. A colaboração com especialistas e instituições renomadas pode trazer benefícios mútuos e fortalecer as capacidades da Organização.

É importante ressaltar que a identificação e preenchimento de lacunas de habilidades e conhecimentos deve ser um processo contínuo, adaptando-se às necessidades e demandas da Entidade ao longo do tempo.

A busca por aprendizado e desenvolvimento constante é fundamental para garantir a excelência nas atividades da Organização e o alcance dos resultados desejados.

# Analise dos pontos fortes

Identificar os pontos fortes de uma organização do terceiro setor é essencial para o planejamento estratégico e o alcance dos objetivos.

A experiência em projetos anteriores permite capitalizar o conhecimento adquirido, a capacidade da equipe é determinante para a efetividade das ações, o reconhecimento reforça a credibilidade da organização e as parcerias fortalecem as iniciativas (Almeida & Siqueira, 2019).

A identificação dos pontos fortes é um processo estratégico que permite aproveitar os recursos internos e as vantagens competitivas da entidade.

Ao identificar os pontos fortes, como a experiência em projetos anteriores, a capacidade da equipe, o reconhecimento na área de atuação e as parcerias estabelecidas, a Organização pode direcionar suas ações de maneira efetiva, potencializando suas chances de sucesso.

**Experiência em Projetos Anteriores**

A experiência em projetos anteriores é um dos principais pontos fortes de uma entidade do terceiro setor. Ela permite que a Organização capitalize o conhecimento adquirido ao longo do tempo, aprendendo com os erros e aprimorando suas práticas.

A experiência em projetos anteriores também auxilia na identificação de melhores práticas, no desenvolvimento de metodologias eficazes e na antecipação de desafios comuns.

Ao reconhecer e valorizar sua experiência, a entidade pode tomar decisões mais embasadas e alinhar suas ações de acordo com suas áreas de atuação (Gonçalves & Marteleto, 2020).

## Capacidade da Equipe

A capacidade da equipe é um fator crítico para o sucesso de uma Organização do terceiro setor. Ter uma equipe qualificada e engajada é fundamental para a realização efetiva das ações e a consecução dos objetivos estratégicos.

A identificação e valorização das competências, habilidades e experiências individuais dos membros da equipe contribuem para o fortalecimento do desempenho coletivo.

Além disso, a capacidade da equipe de se adaptar a novos desafios e aprender continuamente é um ponto forte que impulsiona a inovação e a eficiência nas operações da entidade (Marinho, Teixeira & Silva, 2021).

## Reconhecimento na Área de Atuação

O reconhecimento na área de atuação é um fator importante para o terceiro setor. Ele reforça a credibilidade da Organização, a confiança das partes interessadas e a capacidade de impactar positivamente a sociedade. O reconhecimento pode ser conquistado por meio de premiações, certificações, parcerias estratégicas ou pela visibilidade alcançada com projetos bem-sucedidos.

Ao identificar e promover seu reconhecimento na área de atuação, a entidade fortalece sua posição no mercado e amplia as oportunidades de colaboração e financiamento.

## Parcerias Estabelecidas

As parcerias estabelecidas são um valioso recurso para o terceiro setor. Através das parcerias, as organizações podem compartilhar recursos, conhecimentos e experiências, ampliando sua capacidade de atuação e impacto.

Identificar e valorizar as parcerias estratégicas existentes permite potencializar o alcance dos objetivos, aproveitando sinergias e expertise complementares.

Além disso, as parcerias podem proporcionar acesso a novos públicos, fortalecer a representatividade da organização e facilitar a captação de recursos (Neves, 2018).

A identificação dos pontos fortes no terceiro setor, como a experiência em projetos anteriores, capacidade da equipe, reconhecimento na área de atuação e parcerias estabelecidas, é fundamental para o planejamento estratégico e o sucesso das organizações.

Ao conhecer e valorizar esses pontos fortes, as organizações podem direcionar suas ações de forma efetiva, aproveitando suas vantagens competitivas e maximizando seu impacto social.

# Análise dos pontos fracos

A identificação dos pontos fracos é essencial para o planejamento estratégico das organizações do terceiro setor, permitindo a implementação de medidas corretivas e o fortalecimento das áreas vulneráveis.

É importante destacar que esses pontos fracos são comuns em associações em fase de formação e não devem ser encarados como obstáculos intransponíveis.

Com planejamento estratégico adequado, busca por parcerias estratégicas, captação de recursos e investimento em capacitação e fortalecimento institucional, a Organização pode superar esses desafios e se fortalecer ao longo do tempo (Brandão & Basso, 2021).

Ao analisar os pontos fracos, como limitações de recursos, falta de visibilidade, deficiências em processos internos e desafios na governança, as organizações podem desenvolver estratégias eficazes para fortalecer sua atuação e maximizar seu impacto social.

**Limitações de Recursos**

As limitações de recursos representam um dos principais pontos fracos das organizações do terceiro setor. A escassez de financiamento e a dependência de fontes de receita limitadas podem comprometer a capacidade das organizações de realizar suas atividades e alcançar seus objetivos.

A análise das limitações de recursos permite identificar estratégias de captação de recursos, parcerias estratégicas e otimização do uso dos recursos disponíveis. É importante considerar fontes diversificadas de financiamento, como doações, patrocínios, parcerias com o setor privado e obtenção de recursos governamentais, visando garantir a sustentabilidade financeira da Organização (Fischer, 2019).

## Falta de Visibilidade

A falta de visibilidade é outro ponto fraco que pode comprometer a atuação das organizações do terceiro setor. A baixa visibilidade pode dificultar a captação de recursos, a mobilização de voluntários, o engajamento da comunidade e a influência nas políticas públicas.

A análise da falta de visibilidade envolve a identificação das estratégias de comunicação e marketing, incluindo o uso adequado das mídias sociais, o desenvolvimento de parcerias com influenciadores, a participação em eventos relevantes e a criação de campanhas de conscientização.

É fundamental aumentar a visibilidade da entidade para ampliar seu impacto e fortalecer sua reputação no mercado.

## Deficiências em Processos Internos

As deficiências em processos internos representam um ponto fraco que pode afetar a eficiência operacional e a qualidade dos serviços prestados pelas organizações do terceiro setor.

A análise das deficiências em processos internos envolve a identificação de áreas que necessitam de melhorias, como gestão de projetos, governança, monitoramento e avaliação de impacto.

É essencial estabelecer mecanismos de gestão eficientes, promover a capacitação da equipe, implementar sistemas de informação adequados e adotar boas práticas de governança para otimizar a atuação da Organização (Gonçalves & Marteleto, 2020).

## Desafios na Governança

Os desafios na governança são pontos fracos que podem comprometer a transparência, a prestação de contas e a credibilidade das organizações do terceiro setor.

A análise dos desafios na governança envolve a avaliação da estrutura organizacional, dos processos de tomada de decisão, dos mecanismos de prestação de contas e do cumprimento das obrigações legais e éticas.

É importante promover uma governança eficaz, envolvendo a participação de diferentes partes interessadas, a adoção de princípios de transparência e a implementação de mecanismos de monitoramento e controle (Franco & Cavalcante, 2018).

Ao enfrentar esses desafios de forma proativa, as organizações do terceiro setor podem melhorar sua eficiência operacional, fortalecer sua sustentabilidade financeira, ampliar sua visibilidade e aumentar seu impacto social.

# Estrutura organizacional

A estrutura organizacional desempenha um papel fundamental na eficiência operacional, na coordenação de atividades e no alcance dos objetivos das organizações do terceiro setor. Ela estabelece a base para a coordenação das atividades, a divisão de responsabilidades, a definição de autoridade e a fluidez dos processos de tomada de decisão.

A realização e avaliação da estrutura organizacional são essenciais para garantir uma entidade eficiente, ágil e adaptável às demandas e desafios enfrentados.

## Divisão de Responsabilidades

A divisão de responsabilidades é um elemento central da estrutura organizacional no terceiro setor. A clareza e a adequação das responsabilidades atribuídas a cada membro da equipe contribuem para a eficiência e a eficácia das operações.

A análise da divisão de responsabilidades envolve a identificação das tarefas e funções de cada membro da equipe, a definição de metas e objetivos claros, e a promoção da colaboração e do trabalho em equipe.

Uma estrutura organizacional que define claramente as responsabilidades de cada membro facilita a tomada de decisões, evita sobreposições de tarefas e maximiza a utilização dos recursos disponíveis (Brandão & Basso, 2021).

A Organização deve ter uma divisão clara de responsabilidades, atribuindo funções Específicas a cada membro da equipe. Isso inclui a definição de papéis como presidente, vice-presidente, diretores de áreas específicas (por exemplo, projetos, captação de recursos, comunicação), secretário, tesoureiro, entre outros.

É importante que cada membro da equipe tenha atribuições e responsabilidades bem definidas, de acordo com suas competências e expertise.

## Hierarquia

A hierarquia é outro aspecto fundamental a ser considerado na estrutura organizacional do terceiro setor. Ela define a cadeia de comando, as relações de autoridade e a comunicação entre os níveis organizacionais.

A análise da hierarquia envolve a avaliação da clareza da estrutura hierárquica, a eficiência da comunicação ascendente e descendente e a flexibilidade na tomada de decisões. Uma hierarquia adequada promove a transparência, a responsabilização e a agilidade organizacional.

No entanto, é importante que a hierarquia não seja excessivamente burocrática, pois pode dificultar a inovação e a participação dos membros da equipe (Fischer, 2019).

A hierarquia na Organização deve ser estabelecida de forma clara, com uma estrutura de autoridade que facilite a tomada de decisões e a coordenação das atividades.

Normalmente, a diretoria desempenha um papel de liderança, estabelecendo diretrizes e orientando a equipe. A hierarquia também pode ser estendida para os conselhos consultivos ou de administração, que podem fornecer orientação estratégica e apoio à gestão da Organização (Gonçalves & Marteleto, 2020).

## Processos de Tomada de Decisão

Os processos de tomada de decisão são cruciais para o funcionamento eficiente das organizações do terceiro setor. Uma estrutura organizacional que promove processos de tomada de decisão eficazes agiliza as operações, incentiva a participação dos membros da equipe e permite uma resposta rápida e adaptativa às demandas do ambiente externo.

A Organização deve estabelecer processos claros de tomada de decisão, que garantam a participação de todos os membros relevantes e a consideração de diferentes perspectivas. Isso pode incluir reuniões regulares da diretoria, conselhos ou comitês, onde as decisões são discutidas e votadas.

Além disso, é importante promover uma cultura de transparência e comunicação aberta, para garantir que as decisões sejam comunicadas de forma clara a todos os membros da Organização (Souza & Guedes, 2020).

A divisão adequada de responsabilidades, a hierarquia bem definida e os processos de tomada de decisão eficazes são fundamentais para garantir a eficiência operacional, a coordenação das atividades e a capacidade de adaptação às mudanças do ambiente externo.

Por meio de uma estrutura organizacional sólida e adequada às necessidades da Organização, as organizações do terceiro setor podem maximizar seu impacto social e alcançar resultados significativos.

## Diretoria

Composta por um grupo de indivíduos com experiência e conhecimentos relevantes, a Diretoria é responsável por buscar cumprir a visão, missão e objetivos da entidade, além de desenvolver e implementar estratégias para alcançá-los.

A Diretoria também exerce um papel de supervisão e monitoramento, garantindo que as atividades da Organização estejam alinhadas com seus propósitos e valores, bem como cumpram com as obrigações legais e regulatórias.

Além disso, a Diretoria é responsável por tomar decisões estratégicas, gerenciar riscos, mobilizar recursos financeiros e estabelecer parcerias estratégicas, visando garantir a sustentabilidade e o sucesso da entidade no cumprimento de sua missão em benefício da sociedade.

A Diretoria também desempenha um papel de representação institucional, atuando como porta-voz da organização perante o público, doadores, parceiros e outras partes interessadas.

A Diretoria busca construir e manter relacionamentos sólidos com essas partes interessadas, promovendo a transparência, a prestação de contas e a confiança. Além disso, a Diretoria promove a cultura organizacional, definindo valores éticos, princípios de governança e boas práticas de gestão.

A seguir apresentamos um modelo de estrutura organizacional, a qual deve ser adaptada de acordo com as características do perfil da Organização que se pretendo desenvolver.

## Presidente:
Responsável pela liderança estratégica da Organização. Representa a Entidade perante parceiros, órgãos governamentais e outras entidades. Coordena as atividades da diretoria.

## Vice-Presidente:
Auxilia o presidente na liderança da Organização. Assume as responsabilidades do presidente na ausência deste. Colabora na tomada de decisões estratégicas.

## Diretor(a) de Projetos:
Responsável pelo planejamento, desenvolvimento e implementação dos projetos da Organização. Coordena equipes de trabalho e assegura a execução dos projetos dentro dos prazos e recursos estabelecidos. Monitora os resultados e impactos dos projetos.

## Diretor(a) de Captação de Recursos:
Encarregado de identificar e buscar fontes de financiamento e parcerias estratégicas. Desenvolve estratégias para a captação de recursos financeiros, patrocínios e doações. Gerencia relacionamentos com empresas, fundações e outras instituições para a obtenção de recursos.

## Diretor(a) de Comunicação:

Responsável pela comunicação interna e externa da Organização. Gerencia a divulgação de informações e eventos relevantes. Desenvolve estratégias de comunicação para aumentar a visibilidade da Entidade.

## Diretor(a) Administrativo(a) e Financeiro(a):

Encarregado(a) das atividades administrativas, financeiras e contábeis da Entidade. Gerencia o orçamento, controla os gastos e assegura a prestação de contas. Coordena processos internos, como contratações, gestão de contratos e infraestrutura.

## Conselho Fiscal:

Responsável pela fiscalização e controle financeiro da Organização. Avalia os relatórios financeiros e verifica a conformidade das atividades com as normas e regulamentos.

Esta estrutura deve ser modificada de acordo com o Estatuto da Organização. Outros cargos ou comitês podem ser adicionados, dependendo das necessidades da Entidade. É importante também estabelecer uma comunicação fluida e colaborativa entre os membros da diretoria e promover a participação dos associados nas decisões estratégicas.

# Governança da Organização

A governança efetiva é essencial para garantir a transparência, a responsabilidade e a sustentabilidade das organizações do terceiro setor.

É a governança que estabelece as políticas, os processos e os mecanismos de prestação de contas que guiam as ações e as decisões da entidade. A governança efetiva promove a transparência, a responsabilidade e a confiança das partes interessadas, além de contribuir para a sustentabilidade financeira e o alcance dos objetivos da Organização (Brandão & Basso, 2021).

**Políticas**

As políticas são elementos-chave da governança no terceiro setor. Elas definem as diretrizes, os princípios e as normas que orientam as atividades e os comportamentos da entidade.

A análise das políticas envolve a avaliação da sua clareza, relevância e aderência aos valores e objetivos da Organização. Políticas bem elaboradas e implementadas garantem a conformidade legal, a consistência das práticas e a mitigação de riscos, fortalecendo a credibilidade e a confiança das partes interessadas.

A Organização deve ter políticas claras e documentadas, incluindo políticas de gestão financeira, recursos humanos, ética, sustentabilidade e participação dos membros.

Essas políticas devem ser comunicadas e disponibilizadas a todos os membros da Organização para garantir a compreensão e conformidade (Fischer, 2019).

## Mecanismos de Prestação de Contas

Os mecanismos de prestação de contas são essenciais para as organizações do terceiro setor. Eles garantem a transparência e a responsabilidade na gestão dos recursos e na tomada de decisões.

A análise dos mecanismos de prestação de contas envolve a avaliação dos relatórios financeiros, a divulgação de informações relevantes e a comunicação efetiva com as partes interessadas.

Mecanismos de prestação de contas robustos promovem a confiança e a legitimidade da Organização, fortalecendo sua reputação e facilitando o engajamento de doadores, voluntários e demais parceiros (Souza & Bittencourt, 2020).

A Organização deve estabelecer mecanismos eficientes de prestação de contas, que incluam relatórios financeiros regulares, relatórios de atividades e resultados.

Esses relatórios devem ser transparentes, detalhados e facilmente acessíveis a todos os membros da Entidade, bem como a parceiros e financiadores externos, quando aplicável.

## Processos de Monitoramento e Avaliação:

Os processos de monitoramento e avaliação permitem a análise sistemática do desempenho, a identificação de pontos fortes e fracos, e o aprendizado organizacional.

A análise dos processos de monitoramento e avaliação envolve a avaliação da definição de indicadores de desempenho, a coleta e análise de dados relevantes, e a utilização dos resultados para o aprimoramento das práticas e a tomada de decisões estratégicas.

Processos de monitoramento e avaliação bem estruturados contribuem para a eficiência e a eficácia da entidade, possibilitando a adaptação às mudanças e o alcance de melhores resultados.

A Organização deve implementar processos sistemáticos de monitoramento e avaliação para acompanhar o progresso dos projetos e atividades. Isso pode incluir a definição de indicadores de desempenho, coleta de dados relevantes, análise dos resultados e ajustes necessários nas estratégias e planos de ação.

## Participação das partes interessadas

As partes interessadas são as partes envolvidas com as ações entidade, como membros da comunidade atendida, voluntários, doadores, parceiros e colaboradores. A inclusão e o engajamento dessas partes interessadas nas decisões e processos da Organização promovem a legitimidade, a transparência e a responsabilidade.

A participação das partes interessadas pode ocorrer por meio de consultas, reuniões, parcerias colaborativas e mecanismos de feedback.

Essa abordagem fortalece o relacionamento com as partes interessadas e contribui para a tomada de decisões mais informadas e alinhadas com as necessidades da comunidade atendida.

## Ética e Integridade Organizacional

A ética e a integridade são fundamentais para a governança no terceiro setor. Organizações do terceiro setor devem agir de forma ética, seguindo princípios e valores morais em todas as suas atividades.

A integridade organizacional refere-se à adesão a padrões éticos elevados, à honestidade, à transparência e à responsabilidade.

Uma cultura organizacional ética e íntegra fortalece a confiança das partes interessadas, tanto internas como externas, e contribui para a reputação e a sustentabilidade da Organização.

A Entidade deve ser transparente em suas ações e decisões, comunicando claramente as atividades realizadas, as conquistas alcançadas e os desafios enfrentados.

Uma comunicação efetiva, tanto interna quanto externa, é essencial para envolver os membros, parceiros e a comunidade em geral.

## Gestão de Riscos

Organizações do terceiro setor estão expostas a diversos tipos de riscos, como financeiros, legais, operacionais e reputacionais.

Uma abordagem de gestão de riscos eficaz envolve a identificação, a avaliação e a mitigação desses riscos. Isso inclui o estabelecimento de políticas e procedimentos adequados, a implementação de controles internos robustos e a monitorização contínua.

A gestão de riscos contribui para a proteção dos interesses da Organização, a minimização de danos potenciais e a promoção da sustentabilidade e da continuidade das operações.

## Conformidade Legal e Regulatória

Organizações do terceiro setor devem cumprir as leis, normas e regulamentos aplicáveis em sua atuação. Isso inclui questões relacionadas ao registro legal da entidade, ao cumprimento de obrigações fiscais e trabalhistas, à proteção de dados, à transparência financeira e à prestação de contas.

A conformidade legal e regulatória garante a legitimidade da Organização, evita sanções e preserva a confiança das partes interessadas.

Ao considerar esses fatores adicionais, além das políticas, mecanismos de prestação de contas e processos de monitoramento e avaliação, as organizações do terceiro setor podem fortalecer sua governança e melhorar sua capacidade de alcançar seus objetivos de forma sustentável e ética.

A governança efetiva é um pilar fundamental para o sucesso das organizações do terceiro setor.

Através de políticas claras, mecanismos de prestação de contas robustos, processos de monitoramento e avaliação eficazes, e outros fatores relevantes, as organizações podem promover a transparência, a responsabilidade e a sustentabilidade em suas operações.

A governança fortalece a credibilidade e a confiança das partes interessadas, contribuindo para o alcance dos objetivos organizacionais e o impacto social positivo.

Esses são apenas alguns aspectos a serem considerados na análise da governança da Organização. É importante adaptar esses princípios às necessidades específicas da Entidade e estar aberto a melhorias contínuas com base na experiência e no aprendizado.

# Foco da Organização

O foco de uma organização do terceiro setor refere-se ao propósito central e à área de atuação em que a entidade direciona seus esforços e recursos para alcançar impacto social. O foco é definido com base na identificação de uma necessidade ou problema específico na sociedade, que a Organização busca enfrentar e resolver por meio de suas atividades e iniciativas.

Esse foco pode estar relacionado a questões como educação, saúde, meio ambiente, desenvolvimento comunitário, direitos humanos, entre outros.

Ao definir seu foco, a Organização do terceiro setor deve considerar sua missão, visão e valores, bem como a análise das demandas e necessidades da comunidade que pretende atender.

É importante que o foco seja alinhado com a missão da entidade e sua capacidade de gerar um impacto significativo e sustentável na área escolhida. Além disso, o foco pode ser direcionado para um público-alvo específico, como crianças, idosos, pessoas em situação de vulnerabilidade, e pode abranger uma região geográfica delimitada.

Uma definição clara do foco da Organização do terceiro setor é fundamental para orientar suas estratégias e ações. Isso permite que a entidade concentre seus recursos, habilidades e conhecimentos em uma área específica, aumentando sua eficácia e maximizando seu impacto social.

Ter um foco bem definido também facilita a comunicação e o engajamento das partes interessadas, como doadores, voluntários e parceiros, que podem se identificar e se envolver mais facilmente com a causa da Organização.

É essencial que as organizações identifiquem os principais grupos e comunidades impactadas pelos problemas que elas buscam enfrentar. Essa identificação permite uma compreensão mais aprofundada das características, necessidades e expectativas desses grupos em relação às ações desenvolvidas pela entidade.

## Identificar os Grupos e Comunidades Impactados

A primeira etapa é identificar os grupos e comunidades que são afetados pelos problemas abordados pela Organização.

Esses grupos podem variar dependendo da área de atuação da entidade e do problema específico que está sendo enfrentado. Por exemplo, em uma Organização voltada para a educação infantil, os grupos impactados podem incluir crianças, pais, professores, gestores escolares e membros da comunidade local.

Já em uma entidade que atua na área da saúde, os grupos impactados podem ser pacientes, cuidadores, profissionais de saúde e membros da comunidade em geral.

## Características, Necessidades e Expectativas

Uma vez identificados, é fundamental compreender as características, necessidades e expectativas específicas desses grupos e comunidades em relação às ações da Organização. Isso pode ser feito por meio de pesquisas, entrevistas, grupos focais e outras técnicas de coleta de dados.

Ao compreender esses aspectos, a entidade pode direcionar seus esforços de forma mais precisa e efetiva, garantindo que suas ações estejam alinhadas com as demandas reais dos grupos impactados (Silva & Silva, 2019).

## Identificação e Compreensão dos Grupos Impactados

A identificação e compreensão dos grupos e comunidades impactados pelos problemas abordados pela Organização trazem uma série de benefícios para o terceiro setor. Primeiramente, essa abordagem possibilita uma atuação mais focada e direcionada, evitando a dispersão de recursos e esforços em ações que não atendam às reais necessidades dos grupos impactados.

Além disso, contribui para o desenvolvimento de soluções mais eficientes e eficazes, uma vez que considera as características e expectativas específicas dos envolvidos. Isso aumenta a probabilidade de gerar um impacto significativo e duradouro nas vidas desses grupos e comunidades (Souza & Bittencourt, 2020).

## Impactos Positivos

Ao identificar e compreender os principais grupos e comunidades impactados pelos problemas, as organizações fortalecem sua atuação e maximizam seus impactos.

Essa abordagem permite que elas se aproximem dos beneficiários de suas ações, estabeleçam um diálogo construtivo, promovam a participação ativa e incluam as vozes dos grupos impactados na definição das estratégias e no processo decisório. Essa participação e engajamento contribuem para uma maior legitimidade e aceitação das ações da entidade pela comunidade (Xavier, 2017).

A identificação dos principais grupos e comunidades impactados pelos problemas e a compreensão de suas características, necessidades e expectativas são aspectos fundamentais para o planejamento estratégico e a atuação efetiva das organizações do terceiro setor.

Essa abordagem contribui para uma atuação mais focada, eficiente e relevante, maximizando o impacto das ações e promovendo a participação ativa e inclusão dos grupos impactados. Ao considerar esses aspectos, as organizações do terceiro setor fortalecem sua capacidade de gerar mudanças positivas e sustentáveis nas comunidades em que atuam.

## Análise das tendências e cenários

A análise das tendências e cenários envolve a compreensão das mudanças globais e locais que afetam a área de atuação da Organização, como políticas públicas, avanços tecnológicos, demandas sociais e ambientais emergentes

Este processo de análise das tendências globais e locais é crucial para que as organizações do terceiro setor estejam atualizadas sobre as mudanças em sua área de atuação.

Isso inclui o acompanhamento das políticas públicas e regulamentações relevantes, as transformações tecnológicas e as demandas sociais e ambientais emergentes. Por exemplo, se uma entidade atua na área da saúde, é importante estar ciente das políticas de saúde pública, avanços tecnológicos em tratamentos médicos e crescente conscientização sobre a sustentabilidade na área da saúde (Pacheco & Dornelas, 2018).

Essa análise permite que a Organização se adapte às mudanças e esteja preparada para lidar com novos desafios.

## Cenários e Antecipação de Impactos e Oportunidades

A análise das tendências e cenários também permite que as organizações do terceiro setor compreendam os possíveis cenários futuros e antecipem os impactos e oportunidades que essas mudanças podem trazer.

Isso implica em identificar os possíveis desafios que a entidade pode enfrentar, bem como as oportunidades que podem surgir em decorrência das mudanças. Por exemplo, se uma Organização trabalha com educação, a análise das tendências pode ajudar a identificar a crescente demanda por educação digital e a necessidade de desenvolver competências tecnológicas (Drucker, 2012).

Dessa forma, a entidade pode se preparar adequadamente e buscar parcerias estratégicas para aproveitar essas oportunidades.

A análise das tendências e cenários no terceiro setor desempenha um papel crucial na definição das estratégias e ações das organizações. Permite uma compreensão mais profunda do ambiente em que a Organização opera, bem como das mudanças e desafios que podem afetar sua atuação.

Essa análise possibilita a adaptação e a inovação, auxiliando as organizações a se manterem relevantes e eficazes em um ambiente dinâmico. Além disso, a identificação de oportunidades emergentes permite que as organizações do terceiro setor ampliem seu impacto e alcance, tornando-se agentes de mudança mais efetivos (Silva & Silva, 2019).

Esta análise permite que as organizações identifiquem e compreendam as mudanças em sua área de atuação, antecipem possíveis impactos e oportunidades e se preparem para enfrentar os desafios do ambiente em constante evolução.

Ao realizar essa análise, as organizações do terceiro setor podem direcionar seus recursos e esforços de forma mais eficaz, maximizando seu impacto e contribuição para a sociedade.

# Características do público

É fundamental realizar pesquisas e consultas para identificar as características, necessidades e expectativas específicas dos grupos e comunidades afetados pelos problemas abordados pela Organização. Essa abordagem participativa permite envolver as pessoas diretamente afetadas, reconhecer sua experiência e conhecimento local, e garantir que suas vozes sejam consideradas nas ações.

Algumas estratégias para consultar esses grupos:

- **Mapeamento e levantamento de dados:** Realizar um mapeamento das comunidades afetadas e coletar dados demográficos, socioeconômicos e demais informações relevantes. Isso pode incluir informações sobre população, ocupação, renda, acesso a serviços básicos, qualidade de vida, entre outros aspectos.

- **Parcerias com organizações locais:** Estabelecer parcerias com organizações locais, como associações comunitárias, empresas, líderes comunitários, ONGs e instituições de ensino, que possam facilitar a conexão com as comunidades e fornecer insights valiosos sobre suas necessidades e expectativas.

- **Entrevistas e grupos focais:** Realizar entrevistas individuais e grupos focais com representantes das comunidades para compreender suas experiências, percepções, necessidades e expectativas em relação aos problemas. Esses diálogos podem ajudar a identificar desafios específicos, conhecimentos tradicionais, demandas por soluções e oportunidades de colaboração.

- **Pesquisas participativas:** Desenvolver pesquisas participativas que envolvam membros das comunidades como pesquisadores colaborativos. Isso fortalece sua capacidade de pesquisa e permite que contribuam ativamente para a identificação de problemas e soluções, construindo um conhecimento coletivo e engajamento mais profundo.

- **Diálogos comunitários:** Realizar encontros comunitários ou assembléias públicas para criar espaços de diálogo aberto e inclusivo. Esses eventos podem ser utilizados para compartilhar informações, ouvir as preocupações da comunidade, discutir soluções e estabelecer parcerias entre a Organização e os grupos afetados.

É importante garantir que essas abordagens sejam baseadas em princípios éticos, como o consentimento informado, a privacidade, a confidencialidade e o respeito à cultura e aos direitos das comunidades.

Além disso, os resultados dessas pesquisas e consultas devem ser divulgados e compartilhados de forma acessível e transparente, envolvendo as comunidades em todas as etapas do processo de tomada de decisão.

## Oportunidades e Ameaças no Ambiente Externo

No contexto do terceiro setor, a identificação de oportunidades e ameaças no ambiente externo é essencial para o planejamento estratégico das organizações.

Essa análise envolve a identificação de oportunidades de financiamento, parcerias estratégicas e projetos alinhados aos objetivos e missão da Organização, bem como a análise das ameaças externas, como concorrência com outras organizações, mudanças nas políticas governamentais ou restrições financeiras (Mello & Antunes, 2018).

## Identificação de Oportunidades

A identificação de oportunidades no ambiente externo é fundamental para o crescimento e sustentabilidade das organizações do terceiro setor. Isso inclui a identificação de fontes de financiamento, como fundações, patrocínios, doações ou programas governamentais, que possam apoiar os projetos e atividades da entidade.

Além disso, a identificação de parcerias estratégicas com outras organizações, empresas ou instituições pode abrir portas para colaborações e sinergias que impulsionem o alcance e impacto da Organização.

A análise das tendências sociais, políticas e econômicas também permite identificar projetos e iniciativas que estejam alinhados aos objetivos e missão da entidade, ampliando seu escopo de atuação (Alves & Sarriera, 2020).

## Análise de Ameaças Externas

A análise das ameaças externas é crucial para que as organizações do terceiro setor possam se preparar e responder de forma eficaz aos desafios e restrições impostos pelo ambiente externo.

Isso inclui a análise da concorrência com outras organizações que atuam na mesma área ou que buscam recursos similares, o que pode afetar a captação de recursos e a visibilidade da Organização.

Além disso, a análise das políticas governamentais e mudanças regulatórias é essencial para compreender o impacto que essas mudanças podem ter nas atividades da entidade.

Restrições financeiras, como cortes de financiamento ou redução de recursos disponíveis, também devem ser consideradas para avaliar a viabilidade e sustentabilidade dos projetos e programas (Drucker, 2012).

## Identificação de Oportunidades e Ameaças

A identificação de oportunidades e ameaças no ambiente externo é um componente-chave do planejamento estratégico no terceiro setor. Permite que as organizações se posicionem de forma proativa, buscando oportunidades de financiamento, parcerias estratégicas e projetos alinhados aos seus objetivos e missão.

Ao mesmo tempo, essa análise ajuda a identificar ameaças e desafios que podem afetar a atuação da entidade, permitindo que sejam tomadas medidas preventivas ou de mitigação.

Dessa forma, as organizações do terceiro setor podem otimizar seus recursos e esforços, maximizando seu impacto e garantindo sua sustentabilidade a longo prazo .

Essa análise permite que as organizações estejam atentas às mudanças e tendências que ocorrem no seu ambiente de atuação, identifiquem oportunidades de financiamento, parcerias estratégicas e projetos alinhados aos seus objetivos, além de enfrentar ameaças e desafios externos.

Ao realizar essa análise de forma sistemática e contínua, as organizações do terceiro setor podem se posicionar de forma competitiva, maximizando seu impacto e contribuição para a sociedade.

# Objetivos Claros e Mensuráveis

O estabelecimento de objetivos claros e mensuráveis é de suma importância para as organizações do terceiro setor, considerando que descrevam os resultados e impactos desejados pela Organização. Esses objetivos descrevem os resultados e impactos desejados pela entidade de forma clara e precisa.

Ao definir objetivos específicos, as organizações conseguem direcionar seus esforços e recursos de maneira mais eficaz, concentrando-se em áreas de maior importância e relevância para sua missão.

Também é crucial que os objetivos sejam mensuráveis, ou seja, que possam ser quantificados ou qualificados de forma objetiva, permitindo a avaliação e monitoramento do progresso ao longo do tempo (Kaplan & Norton, 2001).

**Clareza dos Objetivos**

A clareza dos objetivos é fundamental para garantir que todos os envolvidos na Organização possam compreendê-los facilmente.

Objetivos claros evitam ambiguidades e interpretações divergentes, alinhando a equipe em relação ao que precisa ser alcançado. Quando os objetivos são claros, os colaboradores têm uma compreensão compartilhada das metas e direção da entidade, o que facilita a colaboração e o engajamento de todos os envolvidos.

Devemos considerar que objetivos claros proporcionam uma base sólida para o estabelecimento de indicadores de desempenho e para a avaliação dos resultados alcançados (Oliveira, 2018).

O estabelecimento de objetivos claros e mensuráveis traz uma série de benefícios para as organizações do terceiro setor. Em primeiro lugar, permite que a Organização foque seus esforços e recursos nas atividades mais relevantes e impactantes, maximizando seu potencial de contribuição para a sociedade.

Objetivos claros facilitam a comunicação interna e externa, promovendo um alinhamento entre os membros da equipe, parceiros e outras partes interessadas.

A mensuração dos objetivos também possibilita o monitoramento contínuo do desempenho e o ajuste das estratégias, garantindo a eficácia e a eficiência das ações da entidade (Neves, 2014).

Essa prática permite que as organizações direcionem seus esforços e recursos de forma mais eficaz, concentrando-se em áreas de maior importância e relevância para sua missão. Além disso, objetivos claros facilitam a compreensão e o engajamento de todos os envolvidos na entidade, promovendo uma colaboração eficiente.

Por fim, a mensuração dos objetivos possibilita o monitoramento contínuo do desempenho e o ajuste das estratégias, contribuindo para o alcance dos resultados e impactos desejados (Silva & Souza, 2021).

## Alinhamento dos Objetivos com a Missão e Visão

O alinhamento dos objetivos estratégicos com a missão e visão da Organização é um aspecto crucial do planejamento estratégico, considerando a necessidade de garantir que os objetivos estejam em consonância com a identidade e propósito da entidade, e que reflitam suas atividades principais.

## Missão e Visão como Base para o Alinhamento

A missão representa o propósito fundamental da Organização, descrevendo seu motivo de existir e os princípios pelos quais ela se guia. Por sua vez, a visão representa o futuro desejado, uma imagem clara do que a entidade almeja alcançar a longo prazo. Ambas são diretrizes essenciais para o desenvolvimento de objetivos estratégicos.

Ao alinhar os objetivos com a missão e visão, a entidade assegura que suas ações estejam em harmonia com sua identidade e propósito (Kaplan & Norton, 2001).

## Coerência entre Objetivos e Atividades Principais

Os objetivos estratégicos devem refletir as atividades principais da Organização no cumprimento de sua missão. É necessário estabelecer objetivos que estejam diretamente relacionados às áreas de atuação e expertise da entidade, permitindo que ela canalize seus recursos e esforços de maneira eficaz.

Além disso, o alinhamento dos objetivos com as atividades principais ajuda a evitar dispersão de esforços em áreas não essenciais, concentrando-se nas ações que geram maior impacto e agregam valor à comunidade ou público-alvo atendido.

## Benefícios do Alinhamento dos Objetivos

O alinhamento dos objetivos com a missão e visão traz uma série de benefícios para as organizações do terceiro setor. Em primeiro lugar, garante que a Organização esteja focada em seu propósito central, evitando desvios e dispersões que possam comprometer sua eficácia e impacto.

Além disso, o alinhamento promove uma maior clareza e engajamento por parte dos colaboradores, que compreendem a importância de suas atividades no cumprimento da missão e visão. Também facilita a comunicação e o alinhamento com as partes envolvidas, uma vez que a entidade está em sintonia com suas expectativas e necessidades (Oliveira, 2018).

O alinhamento dos objetivos estratégicos com a missão e visão da Organização é de extrema importância para assegurar que os objetivos estejam em harmonia com a identidade e propósito da entidade, além de refletirem suas atividades principais (Neves, 2014).

O alinhamento promove um direcionamento claro e eficaz das ações, evitando dispersões e maximizando o impacto da entidade na comunidade atendida. Ao estabelecer objetivos alinhados, a Organização fortalece sua identidade, engaja seus colaboradores e se posiciona estrategicamente para alcançar sua visão de futuro desejado.

# Metas, Prazos e Ações

A definição de metas específicas e mensuráveis é essencial para orientar o progresso em direção aos objetivos estratégicos. Metas específicas são aquelas que são claramente definidas e direcionadas para alcançar um resultado específico.

Ao serem específicas, as metas fornecem um senso de direção claro para a Organização e seus colaboradores. Além disso, as metas devem ser mensuráveis, o que significa que devem ser quantificáveis e passíveis de serem monitoradas ao longo do tempo.

Metas mensuráveis permitem que a entidade avalie seu progresso e faça ajustes conforme necessário (Amado & Amado, 2016).

**Prazos Realistas**

A definição de prazos realistas é igualmente importante. Os prazos estabelecidos devem ser realistas e alcançáveis, levando em consideração os recursos disponíveis, a complexidade das tarefas e as restrições temporais.

Prazos realistas garantem que as metas sejam abordadas de maneira eficiente e que haja um senso de urgência adequado para motivar a ação.

Ao estabelecer prazos, é fundamental considerar a necessidade de equilibrar a eficiência com a qualidade do trabalho realizado, garantindo que os objetivos sejam alcançados de forma consistente e sustentável (Oliveira, 2018).

## Benefícios da Definição de Metas e Prazos

A definição de metas e prazos traz vários benefícios para as organizações do terceiro setor. Primeiramente, proporciona um direcionamento claro para os esforços da Organização, ajudando a concentrar os recursos e as atividades nas áreas prioritárias.

Isso evita dispersões e maximiza a eficácia das ações em relação ao alcance dos objetivos. Além disso, a definição de metas e prazos contribui para o acompanhamento do progresso e a avaliação do desempenho da entidade. Ela permite que os gestores monitorem o avanço em direção aos objetivos e tomem medidas corretivas quando necessário (Souza & Silva, 2020).

Metas específicas e mensuráveis fornecem uma direção clara para a Organização, enquanto prazos realistas garantem que as metas sejam abordadas de forma eficiente e com senso de urgência.

Ao estabelecer metas e prazos, as organizações do terceiro setor podem direcionar seus esforços de forma mais eficaz, monitorar o progresso e avaliar o desempenho. Essa prática contribui para o alcance dos objetivos estratégicos e a maximização do impacto social.

## Planejamento das ações

A definição clara e precisa das ações é necessário para implementar os projetos, a partir da identificação dos objetivos a serem alcançados e o desenvolvimento de um conjunto de ações estratégicas que orientem o caminho para sua concretização.

É necessário identificar e detalhar ações específicas que estejam alinhadas com os objetivos estratégicos da entidade, bem como com os projetos voltados para a abordagem dos problemas que ela visa enfrentar.

Essas ações direcionam as atividades da Organização, fornecendo uma base sólida para a implementação dos projetos e a busca dos resultados desejados (Almeida & Borges-Andrade, 2019).

A definição das ações permite o acompanhamento preciso do progresso, a identificação de desvios e a realização de ajustes necessários, além de facilitar a comunicação interna e externa sobre as atividades em andamento.

Um planejamento estratégico bem elaborado, que considere a definição de ações como um elemento-chave para o sucesso das organizações do terceiro setor, envolve a compreensão dos objetivos estratégicos, o alinhamento das ações com os projetos e problemas focos da entidade, bem como a definição de metas e prazos realistas para a implementação (Barbosa & Da Silva, 2018).

Portanto, a definição clara das ações é um componente crucial para o planejamento estratégico efetivo e contribui significativamente para a realização do impacto desejado no terceiro setor.

## Identificação de Ações Específicas

A definição de ações específicas é fundamental para orientar a implementação dos projetos no terceiro setor. As ações devem ser identificadas de forma clara e detalhada, delineando as atividades necessárias para alcançar os objetivos estratégicos da Organização.

Cada ação deve ser específica o suficiente para que todos os envolvidos compreendam o que precisa ser feito e possam contribuir efetivamente para a sua execução (Carvalho, Barbosa & Grisci, 2020).

## Alinhamento com Projetos e Problemas Focos

As ações definidas devem estar alinhadas com os projetos que a Organização está desenvolvendo para abordar os problemas focos identificados. Isso garante que as atividades planejadas estejam diretamente relacionadas aos objetivos estratégicos e contribuam para a solução dos problemas que a entidade busca enfrentar.

O alinhamento entre as ações e os projetos também facilita o monitoramento e avaliação do progresso, permitindo uma análise mais precisa dos resultados alcançados (Neves, 2014).

## Benefícios da Definição das Ações

A definição das ações necessárias para implementar os projetos no terceiro setor traz diversos benefícios. Em primeiro lugar, fornece um roteiro claro para a equipe e demais envolvidos, orientando suas atividades e evitando dispersões. Isso contribui para a eficiência e eficácia da implementação, permitindo o aproveitamento adequado dos recursos disponíveis (Souza & Silva, 2020).

Além disso, a definição das ações permite um acompanhamento mais preciso do progresso, uma vez que cada etapa do projeto pode ser monitorada.

Isso facilita a identificação de eventuais desvios ou obstáculos e possibilita a realização de ajustes necessários. A clareza das ações também auxilia na comunicação interna e externa, permitindo que todos as partes envolvidas compreendam os esforços empreendidos pela Organização e as atividades em andamento.

Ao identificar e detalhar as ações específicas alinhadas aos objetivos estratégicos e aos projetos voltados para os problemas focos da Organização, é possível orientar a implementação de forma eficiente e eficaz. Isso promove o uso adequado dos recursos, facilita o monitoramento do progresso e contribui para a solução dos problemas abordados pela Organização.

Por tudo isso, fica claro que a definição das ações é um componente essencial do planejamento estratégico e deve ser realizada com cuidado e clareza.

# Implementação de projetos

Para a implementação de projetos variados de acordo com o foco da Organização são necessárias ações bem planejadas e estruturadas (Mintzberg, Ahlstrand & Lampel, 2017).

A seguir algumas etapas e ações necessárias para o desenvolvimento e implementação desses projetos:

- **Definição de objetivos claros:** Estabelecer objetivos específicos e mensuráveis para cada projeto variados de acordo com o foco da Entidade. Esses objetivos devem estar alinhados com a missão da Organização e com as necessidades identificadas das comunidades e grupos afetados pelos problemas que serão atacados.

- **Planejamento estratégico:** Desenvolver um plano estratégico para cada projeto, incluindo a definição de metas, atividades, cronogramas, recursos necessários e indicadores de sucesso. Isso garantirá uma abordagem organizada e direcionada para a implementação dos projetos.

- **Captação de recursos:** Identificar fontes de financiamento e recursos necessários para a implementação dos projetos. Isso pode incluir a busca por patrocínios, parcerias com empresas ou órgãos governamentais, solicitação de financiamento em fundos ambientais ou a elaboração de propostas para concorrer a editais e programas de financiamento específicos.

- **Monitoramento e avaliação:** Estabelecer mecanismos de monitoramento e avaliação contínuos para acompanhar o progresso e os resultados dos projetos. Isso permite verificar se as metas estão sendo alcançadas, identificar eventuais desafios e ajustar as ações, se necessário.

- **Execução das atividades:** Realizar as atividades planejadas de acordo com o cronograma estabelecido. Isso pode envolver a realização de aulas, workshops, pesquisas de campo, implementação de projetos piloto, ações de conscientização e mobilização comunitária, entre outras ações.

- **Formação de equipe:** Montar uma equipe multidisciplinar composta por membros da Organização, professores, pesquisadores, estudantes voluntários e outros profissionais especializados. Cada membro da equipe deve ter atribuições claras e responsabilidades bem definidas (Kaplan & Norton, 2017).

- **Divulgação e comunicação:** Comunicar os resultados e impactos dos projetos para as partes interessadas, incluindo as comunidades afetadas, parceiros, financiadores, órgãos governamentais e a sociedade em geral. Isso pode ser feito por meio de relatórios, publicações acadêmicas, apresentações em conferências, mídias sociais e outros canais de comunicação adequados (Fischmann & Almeida, 2017).

- **Gestão eficiente:** Estabelecer uma estrutura para acompanhar e coordenar as atividades dos projetos. Isso inclui definição de papéis e responsabilidades, alocação adequada de recursos, comunicação fluida entre os membros da equipe e a adoção de ferramentas de gestão de projetos (Oliveira, 2018).

- **Aprendizado e melhoria contínua:** Promover um ambiente de aprendizado e reflexão constante, buscando aprimorar as práticas e abordagens utilizadas nos projetos. Isso pode incluir a realização de avaliações internas, compartilhamento de lições aprendidas e o estabelecimento de parcerias para troca de conhecimentos e boas práticas.

- **Engajamento com as comunidades:** Promover a participação ativa das comunidades envolvidas nos projetos, por meio de consultas, reuniões, fóruns de discussão e atividades participativas. Esse engajamento permite que as ações sejam adaptadas às necessidades e expectativas das comunidades, aumentando sua aceitação e eficácia.

- **Educação e capacitação:** Investir na capacitação dos membros da equipe e das comunidades envolvidas nos projetos. Isso pode incluir treinamentos, oficinas, cursos e outras atividades de educação e capacitação técnica, visando fortalecer o conhecimento e habilidades necessárias para a implementação e sustentabilidade dos projetos.

- **Monitoramento participativo:** Estabelecer mecanismos de monitoramento envolvendo as comunidades e parceiros no acompanhamento dos resultados e impactos dos projetos. Essa abordagem promove a transparência, prestação de contas e aprimoramento contínuo das ações implementadas (Slack, Brandon-Jones & Johnston, 2016).

- **Avaliação de impacto:** Realizar avaliações de impacto para verificar se os objetivos dos projetos estão sendo alcançados e identificar eventuais desafios e oportunidades de melhoria. Essa avaliação pode envolver a coleta de dados, análise qualitativa e quantitativa e a utilização de indicadores de desempenho pré-estabelecidos.

- **Comunicação efetiva:** Desenvolver estratégias de comunicação efetiva para divulgar os resultados, sensibilizar a sociedade e mobilizar mais pessoas e instituições para a causa da entidade. Isso inclui o uso de mídias sociais, site da Organização, produção de materiais informativos, participação em eventos e campanhas publicitárias.

Ao seguir essas ações necessárias para implementar os projetos de variados de acordo com o foco da Organização, a qual estará em uma posição mais sólida para alcançar seus objetivos, promover mudanças positivas e contribuir para a resolução dos problemas que se pretende enfrentar.

É importante ressaltar que a implementação de projetos de variados de acordo com o foco da Entidade requer uma abordagem colaborativa e participativa, envolvendo as comunidades afetadas como parceiras e atores centrais no processo.

Dessa forma, as ações implementadas serão mais relevantes, efetivas e sustentáveis, promovendo um maior engajamento e empoderamento das comunidades.

## Cronograma básico geral para projetos

Um cronograma detalhado é essencial para o planejamento e execução eficiente de projetos de variados de acordo com o foco da Organização. Aqui a seguir, apresentaremos um detalhamento genérico de cronograma que pode ajudar a definir prazos e ações para cada etapa de desenvolvimento do projeto:

## Definição do projeto:
- Estabelecimento dos objetivos e metas do projeto
- Levantamento dos recursos necessários e disponíveis
- Identificação e engajamento das partes interessadas

## Planejamento e preparação:
- Elaboração do plano de trabalho detalhado, incluindo atividades específicas

- Definição das responsabilidades e atribuições da equipe
- Levantamento de informações e revisão bibliográfica
- Captação de recursos financeiros e materiais necessários

## Execução do projeto:
- Etapa 1: [Especificar a etapa 1 do projeto]
- Duração: [Número de semanas, meses ou datas específicas]
- Atividades: [Listar as atividades específicas para esta etapa]
- Responsáveis: [Indicar os membros da equipe responsáveis por cada atividade]

## Etapa 2: [Especificar a etapa 2 do projeto]
- Duração: [Número de semanas, meses ou datas específicas]
- Atividades: [Listar as atividades específicas para esta etapa]
- Responsáveis: [Indicar os membros da equipe responsáveis por cada atividade]

E assim por diante, para cada etapa subsequente do projeto

## Monitoramento e avaliação:
- Acompanhamento regular do progresso das atividades e metas
- Avaliação do desempenho e resultados alcançados
- Realização de ajustes e correções de rota, se necessário

**Finalização e disseminação:**
- Consolidação dos resultados e conclusões do projeto
- Elaboração de relatórios finais e outros produtos de disseminação
- Realização de eventos de compartilhamento e apresentação dos resultados
- Avaliação global do projeto e identificação de lições aprendidas

**Comunicação e colaboração:**
- Estabelecimento de canais de comunicação interna e externa
- Coordenação e sincronização das atividades entre os membros da equipe
- Realização de reuniões regulares de acompanhamento e alinhamento

**Gerenciamento de riscos:**
- Identificação e avaliação dos riscos envolvidos no projeto
- Desenvolvimento de estratégias de mitigação e contingência
- Monitoramento contínuo dos riscos e implementação de ações corretivas

**Capacitação e desenvolvimento:**
- Identificação das necessidades de capacitação da equipe
- Realização de treinamentos e workshops pertinentes ao projeto

- Promoção do desenvolvimento profissional dos membros da equipe

**Parcerias e colaborações:**
- Identificação de oportunidades de parcerias estratégicas
- Estabelecimento de acordos de colaboração com outras organizações ou instituições
- Coordenação e gestão das atividades conjuntas com parceiros

**Encerramento do projeto:**
- Avaliação final do projeto e análise do alcance dos objetivos
- Realização de eventos de encerramento e celebração dos resultados
- Documentação dos aprendizados e recomendações para futuros projetos similares

**Modelo de Diagrama de Gantt**

Outra ferramenta muito importante que as Organizações podem estar utilizando para o planejamento de suas ações é o Diagrama de Gantt.

Essa ferramenta de planejamento estratégico consiste em representar visualmente as atividades de um projeto ao longo do tempo. Ele é particularmente importante para organizações do terceiro setor, pois auxilia na gestão eficiente de projetos e na alocação adequada de recursos escassos.

A importância do Diagrama de Gantt para organizações do terceiro setor reside na sua capacidade de fornecer uma visão clara e estruturada das etapas e prazos das atividades do projeto. Isso permite um planejamento mais detalhado, com definição de marcos fundamentais e identificação de interdependências entre as tarefas.

Com esse nível de detalhamento, a Organização pode melhorar sua capacidade de estimar o tempo necessário para cada atividade, o que ajuda a evitar atrasos e otimizar a utilização dos recursos disponíveis.

Além disso, o Diagrama de Gantt facilita a comunicação e o alinhamento entre os membros da equipe e outras partes interessadas. A representação gráfica das atividades do projeto permite que todos compreendam facilmente o cronograma e as relações entre as tarefas. Isso promove uma colaboração mais efetiva, uma vez que as partes envolvidas podem identificar potenciais conflitos de tempo, prioridades e recursos, permitindo ações corretivas antecipadas.

A transparência proporcionada pelo Diagrama de Gantt também auxilia na prestação de contas aos financiadores e demais partes envolvidas, demonstrando o progresso e o cumprimento dos prazos estabelecidos. Sua utilização ajuda a garantir a eficácia e o sucesso das iniciativas da organização, contribuindo para o cumprimento de sua missão e maximização do impacto social.

### Etapas de Desenvolvimento (Diagrama de Gantt)

1. **Definição do Projeto:**
   - Identificar os objetivos do projeto

- Realizar uma análise de viabilidade
- Estabelecer os indicadores de sucesso

## 2. Planejamento:
- Realizar um levantamento de recursos necessários
- Definir as atividades do projeto
- Estimar a duração de cada atividade
- Identificar as dependências entre as atividades
- Estabelecer os marcos do projeto
- Elaborar um orçamento

## 3. Mobilização de Recursos:
- Buscar parcerias e patrocínios
- Identificar fontes de financiamento
- Elaborar propostas para captação de recursos

## 4. Execução:
- Contratar e treinar a equipe do projeto
- Realizar as atividades planejadas
- Monitorar o progresso do projeto
- Gerenciar riscos e resolver problemas
- Realizar reuniões de acompanhamento
- Garantir o cumprimento das metas e prazos

## 5. Monitoramento e Avaliação:
- Coletar dados e informações relevantes
- Comparar o desempenho real com o planejado
- Identificar desvios e tomar ações corretivas
- Avaliar o impacto do projeto
- Documentar lições aprendidas

## 6. Encerramento:

- Realizar o encerramento formal do projeto
- Preparar relatórios finais
- Compartilhar os resultados alcançados
- Agradecer e reconhecer as contribuições da equipe
- Realizar uma avaliação final do projeto

A Organização deve adaptar esse modelo genérico de Diagrama de Gantt de acordo com as necessidades específicas, considerando a complexidade dos projetos e as características de cada ação de variados de acordo com o foco da Organização.

É importante manter o Diagrama atualizado, realizar revisões periódicas e garantir que os prazos sejam realistas e viáveis. O prazo de cada etapa deve ser realista e considerar a disponibilidade de recursos humanos, financeiros e materiais.

Além disso, é recomendado utilizar ferramentas de gerenciamento de projetos, como planilhas ou software especializado, para facilitar o acompanhamento e a visualização do Diagrama.

Ao seguir esse modelo de Diagrama, a Organização terá uma estrutura clara para distribuir eficientemente os recursos e acompanhar o progresso das atividades, garantindo a conclusão bem-sucedida do projeto.

# Financiamento e Recursos

As fontes de financiamento e a gestão de recursos desempenham um papel fundamental para a sustentabilidade e o sucesso de organizações do terceiro setor. Essas organizações, muitas vezes, dependem de recursos externos para realizar suas atividades e cumprir sua missão social.

Portanto, é essencial compreender e utilizar estrategicamente as fontes de financiamento disponíveis, além de adotar práticas eficazes de gestão de recursos, a fim de maximizar o impacto social e garantir a continuidade das operações (Silva & Vargas, 2018).

Uma das principais fontes de financiamento para organizações do terceiro setor são os recursos provenientes de doações, sejam elas feitas por indivíduos, empresas ou fundações. A captação de recursos por meio de doações exige a construção de relacionamentos sólidos com potenciais doadores, além de uma comunicação efetiva sobre a missão, os projetos e o impacto social da Organização.

É importante também diversificar as fontes de financiamento, buscando parcerias com diferentes atores, como governos, agências internacionais e outras organizações da sociedade civil.

Outra fonte de financiamento importante são os recursos públicos, provenientes de programas governamentais e de editais públicos.

Para acessar esses recursos, as organizações do terceiro setor precisam estar atentas aos requisitos e critérios estabelecidos, bem como demonstrar sua capacidade técnica e sua capacidade de gestão transparente e eficiente.

Além disso, é necessário acompanhar regularmente as oportunidades de financiamento disponíveis, adaptar-se às mudanças nas políticas públicas e cumprir com as obrigações de prestação de contas e transparência exigidas pelos órgãos governamentais (Costa, 2018).

A gestão eficaz dos recursos financeiros é fundamental para a sustentabilidade das organizações do terceiro setor. Isso envolve a definição de um orçamento realista e detalhado, que contemple todas as despesas necessárias para a implementação das atividades da Organização.

A elaboração de um plano financeiro estratégico, alinhado com a missão e os objetivos da entidade, permite uma alocação adequada de recursos e uma tomada de decisão informada. É importante também estabelecer controles internos sólidos, garantindo a transparência e a prestação de contas no uso dos recursos.

A gestão de recursos vai além dos aspectos financeiros e abrange a otimização dos recursos humanos, materiais e tecnológicos disponíveis. Isso implica em uma boa governança interna, com definição clara de responsabilidades, processos de tomada de decisão e mecanismos de monitoramento e avaliação.

A adoção de práticas eficientes de gestão de projetos, como o uso de metodologias específicas e ferramentas como o Diagrama de Gantt, que já vimos anteriormente, permite o acompanhamento do progresso das atividades, o controle de prazos e custos, e a identificação de desvios e ajustes necessários.

Além disso, a gestão de recursos também engloba a mobilização de voluntários e o engajamento da comunidade. A participação voluntária pode ser uma importante fonte de apoio e contribuição para as atividades da Organização, permitindo ampliar o alcance e o impacto social.

É necessário, no entanto, estabelecer estratégias eficazes de recrutamento, capacitação e reconhecimento dos voluntários, a fim de garantir seu envolvimento e retenção em longo prazo.

As fontes de financiamento e a gestão de recursos são elementos fundamentais para a viabilidade e o sucesso das organizações do terceiro setor. A diversificação das fontes de financiamento, a busca de parcerias estratégicas e a utilização eficiente dos recursos disponíveis são essenciais para a sustentabilidade financeira (Kluthcovsky & Kluthcovsky, 2017).

Ao mesmo tempo, a gestão eficaz dos recursos humanos, materiais e tecnológicos, bem como a adoção de boas práticas de governança e gestão de projetos, contribuem para a eficiência operacional e o cumprimento dos objetivos sociais. Essas práticas, combinadas com a transparência e a prestação de contas, fortalecem a confiança dos doadores, parceiros e demais partes interessadas, possibilitando a continuidade do impacto positivo das organizações do terceiro setor na sociedade.

Realizar uma análise detalhada das diferentes fontes de financiamento disponíveis é fundamental para um processo estruturado que leve em consideração os objetivos e projetos da Organização (Kluthcovsky & Kluthcovsky, 2017).

A seguir, alguns passos que podem ser seguidos:

**Mapeamento das fontes de financiamento:** Pesquisar e identificar as diferentes fontes de financiamento disponíveis, como editais de órgãos governamentais, fundos nacionais e internacionais, empresas privadas com programas de responsabilidade social, entre outros. Fazer um levantamento completo das opções disponíveis.

**Análise de afinidade temática:** Avaliar a afinidade temática entre os projetos da Organização e as diretrizes ou áreas de interesse das fontes de financiamento. Verificar se os projetos da Entidade estão alinhados com os temas prioritários ou objetivos das fontes de financiamento. Isso aumentará as chances de sucesso na captação de recursos.

**Avaliação dos critérios de elegibilidade:** Analisar os critérios de elegibilidade de cada fonte de financiamento. Verificar se a Entidade atende aos requisitos, como área de atuação, tipo de projeto, público-alvo, abrangência geográfica, entre outros. Isso ajudará a filtrar as fontes que são mais adequadas aos diferentes projetos da Organização.

**Escopo de financiamento:** Analisar o escopo de financiamento oferecido por cada fonte. Verificar se o valor disponibilizado é compatível com as necessidades e custos dos projetos da Organização. Considerar também se há possibilidade de financiamento parcial ou total dos projetos, prazos de execução e requisitos de prestação de contas.

**Análise da reputação e histórico das fontes de financiamento:** Pesquisar sobre a reputação das fontes de financiamento. Verificar o histórico de concessão de recursos, avaliar se possuem um processo de seleção justo e transparente, e analisar o impacto que tiveram em projetos anteriores. Isso ajudará a identificar aquelas fontes que têm uma boa reputação e são confiáveis (Silva & Vargas, 2018).

**Priorização das fontes de financiamento:** Com base na análise dos critérios mencionados acima, priorizar as fontes de financiamento que são mais adequadas e alinhadas aos projetos da Organização. Concentrar os esforços de captação de recursos nessas fontes que apresentam maior afinidade e potencial de financiamento.

É importante ressaltar que cada fonte terá suas particularidades e interesses específicos, portanto, é necessário adaptar esse processo de análise às circunstâncias e contextos particulares da Organização (Costa, 2018).

Também é necessário acompanhar regularmente as oportunidades de financiamento, pois novas fontes podem surgir e outras podem sofrer alterações nos critérios de seleção. Manter-se atualizado e revisar constantemente a estratégia de captação de recursos da Entidade.

## Parcerias estratégicas

As parcerias estratégicas com empresas, governos e fundos nacionais e internacionais desempenham um papel crucial no Terceiro Setor, proporcionando benefícios significativos para as organizações e para as comunidades que elas atendem.

Essas parcerias têm se mostrado fundamentais para impulsionar o impacto social das organizações do Terceiro Setor, permitindo maior alcance, recursos e expertise.

Uma das principais vantagens das parcerias estratégicas é a complementaridade de recursos. Empresas, governos e fundos internacionais geralmente possuem capacidades, experiências e recursos financeiros que podem ser compartilhados com as organizações do Terceiro Setor.

Essas parcerias podem fornecer acesso a financiamentos, infraestrutura, tecnologia, conhecimento especializado, redes de contatos e habilidades de gestão, fortalecendo a capacidade das organizações para alcançar seus objetivos e ampliar seu impacto (Brinkerhoff & Brinkerhoff, 2002).

Além disso, as parcerias estratégicas podem contribuir para a sustentabilidade financeira das organizações do Terceiro Setor. Ao estabelecer relacionamentos de longo prazo com empresas, governos e fundos internacionais, as organizações podem diversificar suas fontes de financiamento, reduzindo a dependência de uma única fonte. Isso proporciona maior estabilidade e flexibilidade financeira para as organizações, permitindo-lhes implementar projetos de maior escala e duração (Austin, Stevenson & Wei-Skillern, 2006).

Outro benefício importante das parcerias estratégicas é o acesso a conhecimento e expertise. Empresas, governos e fundos internacionais trazem consigo um conjunto diversificado de habilidades e conhecimentos específicos em diferentes áreas, como gestão, tecnologia, marketing, governança e sustentabilidade.

Estabelecer parcerias pode significar para as organizações do Terceiro Setor, aprender com esses parceiros e incorporar melhores práticas e inovações em suas operações.

Isso fortalece sua capacidade de enfrentar desafios complexos, adotar abordagens eficazes e alcançar resultados mais significativos.

Ademais, as parcerias estratégicas oferecem oportunidades de ampliar o impacto das organizações do Terceiro Setor por meio de colaborações em larga escala.

Ao unir esforços com empresas, governos e fundos internacionais, as organizações podem estabelecer sinergias, compartilhar recursos e alavancar suas ações em prol do bem comum. Essas parcerias podem resultar em projetos conjuntos mais abrangentes, campanhas de conscientização mais efetivas e iniciativas de desenvolvimento comunitário mais sustentáveis (Mowat & Davis, 2017).

No entanto, é importante ressaltar que as parcerias estratégicas requerem uma abordagem cuidadosa e planejada. É fundamental que as organizações do Terceiro Setor realizem uma análise criteriosa das potenciais parcerias, considerando a compatibilidade de valores, objetivos e interesses. Além disso, é essencial estabelecer acordos claros e transparentes, com definição de responsabilidades, expectativas mútuas e mecanismos de prestação de contas.

Essas parcerias trazem benefícios significativos, incluindo complementaridade de recursos, sustentabilidade financeira, acesso a conhecimento e expertise, e ampliação do impacto por meio de colaborações em larga escala.

Ao estabelecer parcerias estratégicas eficazes, as organizações do Terceiro Setor podem maximizar seu potencial e contribuir de forma mais efetiva para a transformação social e o desenvolvimento sustentável (Austin & Seitanidi, 2012).

Algumas etapas precisam ser desenvolvidas pelas organizações do Terceiro Setor para conseguirem acessar os recursos disponíveis.

Abaixo algumas possíveis etapas:

- **Identificação de possíveis parceiros:** Realizar uma pesquisa e análise para identificar empresas, governos e fundos internacionais que estejam alinhados com os projetos e objetivos da Organização. Considerar organizações que tenham afinidade temática, políticas de responsabilidade social ou ambiental, missões similares e valores compartilhados.

- **Estabelecimento de contatos:** Procurar estabelecer contatos com os representantes dessas organizações. Isso pode ser feito por meio de eventos, conferências, redes de contatos, ou até mesmo por meio de introduções feitas por pessoas conhecidas em comum. Aproveitar também as oportunidades de participar de feiras, exposições e eventos relacionados ao meio ambiente, nos quais é possível encontrar potenciais parceiros interessados na temática foco da entidade (Alter & Hage, 1993).

- **Apresentação dos projetos e objetivos:** Preparar materiais de apresentação que descrevam os projetos e objetivos da Organização de forma clara e atraente. Destacar os benefícios e o impacto positivo que as parcerias podem trazer para ambas as partes. Demonstre como a Entidade pode contribuir para os interesses e objetivos dos parceiros.

- **Identificação das necessidades dos parceiros:** Ao estabelecer contato com os possíveis parceiros, procure entender suas necessidades e interesses específicos. Identificar os desafios e problemas que eles enfrentam em relação à temática que se pretende trabalhar e busque mostrar como a Organização pode oferecer soluções e contribuir com sua expertise e recursos.

- **Proposta de valor:** Elaborar uma proposta de valor clara e convincente que destaque os benefícios da parceria para os parceiros. Isso pode incluir acesso a recursos financeiros, expertise técnica, compartilhamento de melhores práticas, ampliação da rede de contatos, visibilidade e reconhecimento.

- **Negociação dos termos da parceria:** Ao iniciar a negociação com os parceiros interessados, discuta e estabeleça os termos da parceria de forma clara e transparente. Isso inclui definir os objetivos comuns, as responsabilidades de cada parte, os recursos a serem disponibilizados, os prazos, as formas de acompanhamento e avaliação, entre outros aspectos relevantes.

- **Monitoramento e manutenção da parceria:** Após estabelecer a parceria, é fundamental manter um bom relacionamento com os parceiros. Estabelecer canais de comunicação eficientes, compartilhe regularmente informações sobre o progresso dos projetos, envolva-os em atividades e eventos da Organização e esteja aberto a feedbacks e sugestões de melhoria.

- **Construir relacionamentos de longo prazo:** O estabelecimento de parcerias não deve ser encarado apenas como um acordo pontual, mas sim como um relacionamento de longo prazo. Buscar cultivar essas relações, investindo tempo e esforço para fortalecê-las ao longo do tempo.

- **Desenvolver acordos mutuamente benéficos:** As parcerias devem ser construídas com base em benefícios mútuos. Identificar as necessidades e interesses das empresas, governos e fundos internacionais, e buscar criar propostas de valor que atendam a essas demandas, ao mesmo tempo em que contribuem para os projetos e objetivos da Organização.

- **Promover a transparência e a prestação de contas:** Durante a execução dos projetos, mantenha uma comunicação transparente com os parceiros, fornecendo informações sobre o progresso, os resultados alcançados e a utilização dos recursos disponibilizados. Demonstrar compromisso com a prestação de contas, evidenciando a responsabilidade e a eficiência no uo dos recursos.

- **Buscar sinergias e complementaridades:** Identificar áreas em que os parceiros possam agregar valor aos projetos da Organização. Explorar as competências, expertise e recursos únicos que cada parceiro pode oferecer. Busque sinergias e oportunidades de colaboração que possam potencializar os resultados alcançados.

- **Atualizar-se sobre oportunidades de financiamento:** Ficar sempre atento a editais, programas de financiamento e outras oportunidades de captação de recursos. Manter contato com organizações, associações e redes relacionadas ao tema foco da entidade, pois elas podem fornecer informações sobre essas oportunidades e ajudar na identificação de novos parceiros.

- **Aprender com experiências anteriores:** Avaliar experiências anteriores de parcerias e projetos similares para identificar lições aprendidas e melhores práticas. Isso ajudará a aprimorar os processos de seleção e gestão de parcerias, bem como a evitar erros comuns.

- **Avaliar e comunicar o impacto das parcerias:** Acompanhar e avalie o impacto das parcerias, tanto em relação aos projetos específicos quanto aos objetivos da Organização como um todo. Comunicar os resultados e os benefícios alcançados, tanto para os parceiros quanto para a comunidade e o meio ambiente, a fim de fortalecer a imagem e o reconhecimento da Entidade.

O estabelecimento de parcerias estratégicas requer tempo, dedicação e esforços contínuos.

Manter-se comprometido com os princípios de colaboração, confiança e benefício mútuo para construir parcerias de sucesso em prol do avanço das problemáticas que se pretende atacar (Mendonça, 2018).

## Plano de Captação de Recursos

O desenvolvimento de um Plano de Captação de Recursos é de extrema importância para as organizações do Terceiro Setor, pois possibilita a obtenção de recursos financeiros necessários para a implementação de projetos e a manutenção das atividades da Organização.

Esse plano estratégico define estratégias e ações específicas para identificar e angariar recursos de forma eficiente e sustentável.

Primeiramente, um Plano de Captação de Recursos permite que as organizações do Terceiro Setor identifiquem as fontes de financiamento mais adequadas aos seus projetos e programas. Ao analisar o ambiente externo, a entidade pode identificar as oportunidades disponíveis, como programas governamentais, fundações, empresas privadas, doadores individuais, entre outros (Rocha & Souza, 2021).

Dessa forma, o plano direciona os esforços para acessar as fontes de recursos mais alinhadas com a missão e os objetivos da Organização.

Além disso, o Plano de Captação de Recursos proporciona a elaboração de projetos e propostas atraentes e convincentes.

Por meio da definição de metas claras e mensuráveis, estratégias de abordagem, argumentos convincentes e indicadores de impacto, a Organização consegue transmitir sua missão e o valor de suas iniciativas de forma eficaz aos potenciais financiadores.

Isso aumenta a probabilidade de obter recursos, conquistar a confiança dos doadores e parceiros, e fortalecer a sustentabilidade financeira da entidade (Cavalcanti & Marinho, 2020).

Um Plano de Captação de Recursos estabelece um cronograma de ações e responsabilidades, permitindo uma gestão eficiente e um acompanhamento adequado do processo de captação.

Com prazos realistas e etapas bem definidas, a Organização pode monitorar seu progresso, ajustar estratégias conforme necessário e manter uma abordagem sistemática e estruturada para a captação de recursos. Isso contribui para maximizar as oportunidades de financiamento, otimizar a utilização dos recursos disponíveis e fortalecer a credibilidade da Organização diante dos doadores e parceiros (Azevedo & Duran, 2019).

O Plano de Captação de Recursos proporciona direção estratégica e orientação para a busca de recursos financeiros.

Ao identificar fontes de financiamento, elaborar projetos atraentes e estabelecer um cronograma de ações, a Organização aumenta suas chances de obter recursos necessários para suas atividades e projetos, fortalecendo sua sustentabilidade financeira e capacidade de promover mudanças positivas na sociedade.

A seguir, apresentamos alguns procedimentos necessários para o estabelecimento das Metas Financeiras:

### Definição das Metas Financeiras

- Estabeleça metas financeiras realistas e mensuráveis, levando em consideração as necessidades financeiras da Organização e os projetos a serem desenvolvidos.
- Analise os custos estimados para a implementação dos projetos, incluindo despesas operacionais e investimentos necessários.

### Identificação de Fontes de Recursos

- Pesquise e identifique diferentes fontes de recursos, como editais, empresas privadas, governos e fundos internacionais, que estejam alinhadas com os objetivos e a missão da Organização.
- Avalie a afinidade temática, critérios de elegibilidade e escopo de financiamento de cada fonte, para selecionar aquelas que são mais adequadas aos projetos da Entidade.

### Estratégias de Abordagem

- Desenvolva estratégias de abordagem específicas para cada fonte de recurso identificada.
- Elabore propostas de projetos atrativas, que comuniquem de forma clara e persuasiva os objetivos, a relevância e os impactos dos projetos da Organização.
- Destaque os benefícios mútuos e as sinergias que podem ser alcançadas por meio da parceria, ressaltando o valor agregado que a Organização pode oferecer aos potenciais financiadores (Wanderley, 2017).

### Cronograma de Atividades

- Crie um cronograma detalhado que especifique as atividades relacionadas à captação de recursos, incluindo as etapas de preparação, elaboração e submissão de propostas, negociação e acompanhamento.
- Estabeleça prazos realistas para cada etapa, levando em consideração os prazos das fontes de recursos e as demandas internas da Organização.

### Monitoramento e Avaliação

- Estabeleça mecanismos de monitoramento e avaliação para acompanhar o progresso da captação de recursos.
- Registre as atividades realizadas, os resultados alcançados e as lições aprendidas ao longo do processo.
- Analise regularmente o desempenho do plano de captação de recursos e faça ajustes quando necessário.

### Comunicação Efetiva

- Desenvolva uma estratégia de comunicação efetiva para promover os projetos da Organização.
- Utilize diferentes canais de comunicação, como mídias sociais, site institucional, boletins informativos, eventos e encontros, para divulgar os resultados alcançados, as histórias de sucesso e o impacto das ações da Organização.
- Engaje os parceiros e os potenciais financiadores por meio de uma comunicação clara e transparente, demonstrando a importância e a urgência de apoiar os projetos da Organização.

### Diversificação das Fontes de Recursos

- Busque diversificar as fontes de recursos, evitando depender exclusivamente de uma única fonte.
- Explore parcerias público-privadas, convênios e acordos de colaboração com diferentes setores, como empresas, governos e organizações internacionais.
- Identifique oportunidades de financiamento em âmbito local, nacional e internacional, para ampliar as possibilidades de captação de recursos (Oliveira & Guedes, 2018).

### Fortalecimento da Rede de Contatos

- Desenvolva e fortaleça a rede de contatos da Organização, estabelecendo relacionamentos com pessoas-chave em empresas, governos e fundos internacionais.
- Participe de eventos, fóruns e conferências relevantes para o setor, buscando oportunidades de networking e parcerias.

### Desenvolvimento de Propostas Competitivas

- Invista tempo na elaboração de propostas competitivas e de qualidade.
- Realize pesquisas e estudos aprofundados para embasar as propostas, demonstrando conhecimento técnico e expertise na área.
- Adapte as propostas às exigências e critérios de cada fonte de financiamento, ressaltando os benefícios e a viabilidade dos projetos.

### Gestão Eficiente de Recursos

- Adote práticas de gestão financeira eficiente, garantindo a transparência e a prestação de contas dos recursos captados.
- Estabeleça sistemas de monitoramento financeiro e controle dos gastos, assegurando o uso adequado dos recursos e o cumprimento dos prazos estabelecidos.

### Avaliação de Resultados

- Avalie regularmente os resultados obtidos a partir dos recursos captados.
- Meça o impacto das ações da Organização e demonstre de forma clara os resultados alcançados, utilizando indicadores de desempenho e relatórios de prestação de contas.

Ao seguir essas estratégias, a Organização poderá aumentar suas chances de obter recursos financeiros de fontes diversas e estabelecer parcerias estratégicas duradouras.

É fundamental manter uma abordagem profissional e dedicada, adaptando-se às necessidades e expectativas dos potenciais parceiros, e estabelecer uma comunicação efetiva para demonstrar o valor e o impacto dos projetos da Organização (Siqueira & Pinto, 2017).

# Público-alvo

A definição do público-alvo é um elemento fundamental no planejamento estratégico do terceiro setor. Ao segmentar o público-alvo com base em critérios relevantes, é possível identificar os indivíduos, grupos e instituições que são essenciais para o sucesso da captação de recursos e parcerias estratégicas.

Essa abordagem direcionada é fundamental para otimizar os esforços de uma Organização do terceiro setor, garantindo que suas ações e programas sejam direcionados às pessoas certas, aumentando assim a eficácia e a eficiência de suas iniciativas (Andreoni, 2017).

Diversos autores e pesquisadores destacam a importância da definição do público-alvo no contexto do planejamento estratégico do terceiro setor.

Por exemplo, Kotler et al. (2017) afirmam que "identificar o público-alvo é o primeiro passo para o desenvolvimento de uma estratégia eficaz de captação de recursos e parcerias estratégicas". Eles argumentam que segmentar o público-alvo com base em características demográficas, comportamentais e psicográficas permite que a Organização direcione seus esforços de forma mais precisa, identificando as necessidades, os interesses e os valores dos potenciais doadores e parceiros.

Outro autor de destaque na área, Drucker (1992), enfatiza que "a identificação e o entendimento profundo do público-alvo são cruciais para o sucesso de uma Entidade do terceiro setor".

Drucker destaca a importância de conhecer os grupos específicos que se beneficiarão das atividades da organização e as partes interessadas que têm interesse direto ou indireto em seus objetivos.

Ao entender as necessidades e expectativas desses grupos, é possível adaptar as estratégias de captação de recursos e parcerias para atender às suas demandas, aumentando assim as chances de sucesso (Coelho & Ferreira, 2013).

Também merecem destaque as considerações de Evans e Maas (2009), os quais ressaltam que a definição do público-alvo contribui para a construção de uma imagem coerente e de confiança da Organização do terceiro setor.

Ao direcionar seus esforços para um grupo específico, a Organização pode criar uma identidade clara e relevante para os potenciais doadores e parceiros estratégicos. Essa coerência e consistência de mensagem são essenciais para estabelecer relacionamentos duradouros e parcerias sólidas, pois transmitem confiança e credibilidade.

Portanto, a definição do público-alvo no planejamento estratégico do terceiro setor é crucial para o sucesso da captação de recursos e parcerias estratégicas. Essa segmentação direcionada permite que a Entidade identifique e se conecte com as pessoas e instituições que são mais propensas a se engajar e apoiar suas iniciativas (Echeveste & Frazão, 2019).

Considerar critérios relevantes e atualizados na definição do público-alvo são estratégias fundamentais para a Organização poder direcionar seus recursos e esforços de forma mais eficaz, aumentando sua capacidade de impacto e sustentabilidade.

O público-alvo da Organização pode ser segmentado com base em critérios relevantes, a fim de identificar os indivíduos, grupos e instituições que são essenciais para o sucesso da captação de recursos e parcerias estratégicas, conforme critérios de segmentação, a seguir:

**Empresas Privadas:**
- Empresas que possuem políticas de interesse semelhante e estão interessadas em investir em projetos focos da Organização.
- Empresas cujas atividades possuem impacto na área e estão buscando soluções para minimizar os mesmos problemas que se pretende atacar.
- Empresas com valores alinhados à proteção do meio ambiente e interesse em promover mudanças positivas na sociedade.

**Governos:**
- Órgãos governamentais responsáveis por políticas e de desenvolvimento do setor da Organização.
- Agências governamentais com orçamento destinado à promoção de projetos desenvolvidos.
- Governos locais que buscam parcerias para resolver problemas específicos relacionados ao meio ambiente em suas comunidades.

**Fundos Internacionais:**
- Fundos e organizações internacionais que financiam projetos focos da Entidade.
- Instituições de financiamento que buscam projetos com impacto social positivo em países em desenvolvimento.

- Fundações e institutos de pesquisa focados em questões que são pertinentes à Organização.

**Organizações Não Governamentais (ONGs):**
- ONGs que atuam na área e compartilham objetivos e valores semelhantes com a Organização.
- ONGs que possuem experiência em captação de recursos e podem compartilhar conhecimentos e boas práticas nessa área.
- ONGs com redes de contatos relevantes e que podem facilitar parcerias estratégicas.

**Comunidades Locais e Populações Vulneráveis:**
- Comunidades afetadas por problemas que podem se beneficiar diretamente dos projetos da Organização.
- Populações vulneráveis que necessitam de apoio e intervenção para melhorar suas condições de vida e preservar o meio ambiente.
- Líderes comunitários e representantes de organizações locais que podem ser aliados na implementação de projetos e na mobilização de recursos.

É importante realizar pesquisas e análises para identificar os segmentos mais relevantes para a Organização, compreender suas necessidades e interesses específicos, e adaptar a abordagem de captação de recursos e parcerias para cada público-alvo. Isso permitirá que a Entidade direcione seus esforços de forma mais efetiva e estabeleça conexões significativas com os parceiros-chave.

## Estratégia de comunicação

A estratégia de comunicação no planejamento estratégico do terceiro setor desempenha um papel fundamental na atração de financiadores e parceiros, bem como na transmissão clara dos objetivos, missão e resultados da Organização.

Desenvolver uma estratégia de comunicação eficaz permite que a Entidade alcance seu público-alvo de forma impactante e engajadora, fortalecendo sua imagem e aumentando suas chances de obter apoio e parcerias estratégicas.

Autores renomados na área ressaltam a importância da estratégia de comunicação para o terceiro setor. Por exemplo, Kotler et al. (2017) afirmam que "uma comunicação eficaz é fundamental para a captação de recursos e a construção de parcerias estratégicas no terceiro setor". Eles enfatizam que a comunicação deve ser clara, coerente e alinhada com os objetivos e a missão da Organização, transmitindo de forma convincente os resultados e o impacto social alcançado.

No contexto brasileiro, Cunha e Oliveira (2019) destacam a importância da comunicação como elemento central no planejamento estratégico das organizações do terceiro setor. Segundo os autores, a estratégia de comunicação deve ser desenvolvida de forma a atrair financiadores e parceiros, demonstrando transparência, credibilidade e resultados mensuráveis da Entidade. Eles enfatizam que uma comunicação eficaz permite que a Organização se posicione no mercado, fortaleça sua reputação e conquiste o apoio necessário para sua sustentabilidade.

Outro autor relevante, Rocha (2018), destaca que a estratégia de comunicação deve ser orientada pelo diálogo e pela construção de relacionamentos sólidos. Ele ressalta que a comunicação no terceiro setor não deve ser apenas uma via de mão única, mas sim um processo interativo e participativo, que envolve ouvir as necessidades e expectativas dos financiadores, parceiros e demais partes interessadas.

Essa abordagem permite que a Organização estabeleça conexões duradouras e significativas, construindo parcerias estratégicas baseadas na confiança e na colaboração mútua.

Portanto, a estratégia de comunicação no planejamento estratégico do terceiro setor desempenha um papel fundamental na atração de financiadores e parceiros. Ela permite que a Organização transmita claramente seus objetivos, missão e resultados, fortalecendo sua imagem e aumentando suas chances de sucesso.

Ao seguir abordagens eficazes de comunicação, embasadas em autores renomados e adaptadas ao contexto brasileiro, as organizações do terceiro setor podem construir relacionamentos sólidos e obter o apoio necessário para alcançar seus objetivos e gerar um impacto social positivo.

A estratégia de comunicação da Organização deve ser desenvolvida de forma a atrair financiadores e parceiros, transmitindo claramente os objetivos, a missão e os resultados da Entidade. Para isso, é necessário seguir alguns passos:

- **Definir a mensagem central:** Identificar os principais pontos que devem ser comunicados, destacando a relevância e o impacto dos projetos da Entidade. Isso inclui enfatizar os resultados alcançados, as metas futuras e a importância do apoio financeiro e parcerias estratégicas.

- **Identificar o público-alvo:** Com base na segmentação realizada anteriormente, entender os interesses, necessidades e características demográficas do público-alvo. Isso ajudará a adaptar a mensagem e a escolher os canais de comunicação mais adequados.

- **Escolher os canais de comunicação:** Identificar os canais de comunicação mais eficazes para alcançar o público-alvo. Isso pode incluir mídias sociais, websites, boletins informativos, eventos presenciais, parcerias com mídia, entre outros. Cada canal deve ser utilizado estrategicamente para maximizar o alcance e o impacto da mensagem.

- **Desenvolver materiais de comunicação:** Criar materiais atrativos e persuasivos que transmitam de forma clara e concisa os principais pontos da Organização. Isso pode incluir vídeos, infográficos, relatórios de impacto, apresentações e depoimentos de beneficiários. Os materiais devem ser adaptados aos diferentes canais de comunicação escolhidos.

- **Estabelecer parcerias com a mídia:** Identificar oportunidades de parcerias com veículos de comunicação, como jornais, revistas, rádios e canais de televisão. Isso pode incluir a divulgação de casos de sucesso, entrevistas com membros da Entidade, artigos de opinião e participação em programas de TV e rádio.

- **Monitorar e avaliar os resultados:** Acompanhar regularmente o impacto da estratégia de comunicação, monitorando o alcance das mensagens, a resposta do público-alvo e a captação de recursos. Isso permite ajustar a estratégia conforme necessário e identificar oportunidades de melhoria.

- **Narrativa envolvente:** Crie uma narrativa envolvente que conecte emocionalmente o público-alvo aos projetos da Organização. Contar histórias inspiradoras sobre os impactos positivos alcançados, destacando a transformação que pode ser realizada por meio do apoio financeiro e das parcerias.

- **Mensagens claras e adaptadas:** Adaptar a mensagem de acordo com o público-alvo específico. Utilizar uma linguagem clara, acessível e livre de jargões técnicos. Destacar os benefícios e resultados tangíveis que os financiadores e parceiros podem esperar ao se envolver com a Organização.

- **Identidade visual atrativa:** Desenvolver uma identidade visual atraente e consistente para a Organização. Isso inclui o design de materiais de comunicação, logotipo, cores e fontes. Uma identidade visual forte e reconhecível ajuda a transmitir profissionalismo e confiança.

- **Parcerias estratégicas:** Buscar estabelecer parcerias com outras organizações, empresas, instituições acadêmicas e governamentais que compartilham dos mesmos valores e objetivos. Essas parcerias podem trazer recursos adicionais, conhecimentos especializados e maior visibilidade para a Organização.

- **Eventos e workshops:** Organizar eventos e workshops para divulgar os projetos da Organização, oferecer capacitação e engajar potenciais financiadores e parceiros. Essas iniciativas permitem um contato direto, promovendo o diálogo, a troca de ideias e a oportunidade de esclarecer dúvidas.

- **Monitoramento e feedback:** Acompanhar a eficácia da estratégia de comunicação por meio de indicadores de desempenho, como o número de acessos ao website, engajamento nas mídias sociais, feedback de eventos e o aumento da captação de recursos. Utilize essas informações para ajustar a estratégia e melhorar os resultados ao longo do tempo.

Lembrando que a estratégia de comunicação deve ser consistente, transparente e autêntica, transmitindo os valores e a identidade da Organização.

Através de uma comunicação eficaz, é possível atrair financiadores e parceiros que estejam alinhados com os objetivos e a missão da Organização, fortalecendo assim seu impacto na área de foco da entidade.

# Identidade visual e divulgação

A identidade visual e os materiais de divulgação consistentes contribuem para a comunicação eficaz da Organização. Através de uma identidade visual bem definida e materiais de divulgação consistentes, a Entidade pode transmitir sua missão, valores e impacto de forma visualmente atraente e coerente. Isso fortalece sua imagem, gera reconhecimento e confiança, além de facilitar a identificação e engajamento de financiadores, parceiros e partes interessadas.

Araújo (2017) destaca que "a identidade visual é um elemento-chave na construção da imagem de uma Organização do terceiro setor". Ele ressalta que uma identidade visual bem elaborada, que inclui logotipo, cores, tipografia e outros elementos visuais, permite que a Entidade seja facilmente reconhecida e diferenciada em um mercado competitivo.

No mesmo sentido, Amorim e Silva (2020) afirmam que "materiais de divulgação consistentes são ferramentas poderosas para comunicar os valores e resultados de uma Organização do terceiro setor". Eles argumentam que materiais impressos, como folders, cartazes e relatórios, e materiais digitais, como websites e mídias sociais, devem ser elaborados de forma a transmitir de maneira clara, atraente e coerente a identidade e a mensagem da Organização.

Além disso, Souza e Oliveira (2018) destacam que a consistência visual nos materiais de divulgação é essencial para construir uma imagem sólida e confiável da organização do terceiro setor.

Segundo os autores, a padronização de elementos visuais, como cores, fontes e estilo gráfico, ajuda a criar uma identidade visual coesa, que fortalece a percepção de profissionalismo e confiabilidade por parte do público-alvo.

Portanto, a identidade visual e os materiais de divulgação consistentes desempenham um papel crucial no planejamento estratégico do terceiro setor. Uma identidade visual bem elaborada e materiais de divulgação coerentes fortalecem a imagem da Entidade, comunica seus valores e impacto, além de facilitar o engajamento de financiadores, parceiros e partes interessadas.

Como vimos a identidade visual e os materiais de divulgação consistentes são de suma importância na comunicação da Organização.

Vejamos mais detalhadamente a importância desses elementos:

- **Representação coerente:** Uma identidade visual bem elaborada transmite a personalidade, os valores e a missão da Organização de forma consistente. Ela cria uma imagem reconhecível e memorável, permitindo que as pessoas identifiquem facilmente a Entidade e a associem com suas atividades. A identidade visual também ajuda a diferenciar a Organização de outras organizações, criando uma marca única.

- **Profissionalismo:** Uma identidade visual profissional transmite credibilidade e confiança aos potenciais financiadores, parceiros e ao público em geral. Ela demonstra o cuidado e a seriedade da Organização em suas atividades e projetos. Materiais de divulgação bem projetados e consistentes reforçam essa imagem profissional, tornando a Organização mais atraente e confiável.

- **Mensagem clara e impactante:** Os materiais de divulgação, como folhetos, apresentações e vídeos, permitem transmitir a mensagem e os valores da Organização de maneira eficaz. Eles podem ser utilizados para apresentar os projetos realizados, os resultados alcançados e as metas futuras. Ao criar materiais consistentes e visualmente atraentes, a Entidade é capaz de capturar a atenção do público e transmitir sua mensagem de forma mais impactante.

- **Alinhamento com o público-alvo:** Uma identidade visual e materiais de divulgação bem desenvolvidos devem levar em consideração o público-alvo da Organização. Ao entender as preferências, interesses e necessidades desse público, é possível criar uma identidade visual e materiais que ressoem com eles. Isso aumenta a eficácia da comunicação e torna a Entidade mais relevante para o público-alvo específico.

- **Consistência e reconhecimento:** Ao utilizar uma identidade visual consistente em todos os materiais e canais de comunicação, a Entidade estabelece uma imagem reconhecível e fortalece sua marca. A consistência na aparência e no tom de voz ajuda a criar familiaridade e confiança ao longo do tempo. Isso é especialmente importante em uma Organização, onde a construção de relacionamentos duradouros é fundamental para o sucesso das parcerias e captação de recursos.

- **Coerência com a missão e valores:** A identidade visual e os materiais de divulgação devem estar alinhados com a missão, os valores e os objetivos da Organização. Eles devem refletir a essência da entidade e transmitir sua visão de forma autêntica. Isso cria uma conexão mais genuína com os financiadores e parceiros em potencial, que se identificam com a causa e os propósitos da Entidade.

- **Adaptação aos diferentes canais de comunicação:** Considere as diferentes plataformas e canais de comunicação utilizados pela Organização. Cada um tem suas características específicas e requer abordagens adaptadas. Por exemplo, materiais impressos podem ser adequados para eventos ou reuniões presenciais, enquanto conteúdos digitais são essenciais para o alcance online. Certifique-se de adaptar a identidade visual e os materiais de acordo com cada canal, mantendo a consistência, mas também considerando as peculiaridades de cada meio.

- **Personalização para o público-alvo:** Para atrair financiadores e parceiros, é importante que os materiais de divulgação sejam personalizados para cada público-alvo específico. Isso envolve adaptar a mensagem, os argumentos e até mesmo o design dos materiais para atender às necessidades, interesses e expectativas de cada grupo. Por exemplo, ao se comunicar com empresas privadas, destaque os benefícios de responsabilidade social e sustentabilidade, enquanto com fundos internacionais, enfatize a relevância global e o alinhamento com as políticas e objetivos internacionais.

- **Monitoramento e avaliação:** Avalie continuamente a eficácia dos materiais de divulgação e faça ajustes quando necessário. Acompanhe o impacto das estratégias de comunicação, analise o retorno obtido e busque *feedback* dos financiadores e parceiros. Isso permite identificar oportunidades de melhoria e aprimorar a abordagem de comunicação ao longo do tempo.

Em geral, uma estratégia de comunicação bem desenvolvida, com identidade visual consistente e materiais de divulgação atrativos, é fundamental para atrair financiadores e parceiros estratégicos.

Através de uma abordagem alinhada com a missão e valores da Organização, adaptada aos diferentes canais de comunicação e personalizada para o público-alvo, a Organização pode fortalecer sua imagem, ampliar seu alcance e aumentar suas chances de sucesso na captação de recursos e na formação de parcerias estratégicas.

**Mídias sociais e plataformas de comunicação**

A utilização de mídias sociais e outras plataformas de comunicação são ferramentas que permitem as organizações aumentarem sua visibilidade e alcançarem um público mais amplo, possibilitando a disseminação de sua mensagem, engajamento da comunidade e mobilização de recursos.

Oliveira e Carvalho (2021) afirmam que "a presença estratégica nas mídias sociais é fundamental para as organizações do terceiro setor promoverem ações, compartilharem informações e envolverem a comunidade". Eles ressaltam que a utilização adequada dessas plataformas pode impulsionar a visibilidade da Organização, atrair doadores, voluntários e parceiros, e fortalecer a conexão com o público.

Já Almeida et al. (2020) destacam que as mídias sociais têm se mostrado uma ferramenta eficaz para ampliar o alcance e impacto das organizações do terceiro setor. Segundo eles, "o uso estratégico das mídias sociais permite que as organizações atinjam um público diversificado, promovam campanhas de conscientização e captação de recursos, e criem uma rede de apoiadores engajados". Eles também apontam a importância de adaptar a comunicação ao contexto das mídias sociais, utilizando linguagem adequada e conteúdo relevante para o público-alvo.

Outro autor relevante, Siqueira (2019), ressalta que a presença online por meio das mídias sociais e outras plataformas de comunicação é uma oportunidade para as organizações do terceiro setor estabelecerem um diálogo direto com as partes interessadas.

Siqueira argumenta que essas ferramentas permitem a interação, o compartilhamento de histórias de impacto, a transparência na prestação de contas e a construção de relacionamentos duradouros com o público.

Dessa forma, a utilização de mídias sociais e outras plataformas de comunicação no planejamento estratégico do terceiro setor aumentam a visibilidade da Entidade, engaja a comunidade e mobiliza recursos. A adaptação da comunicação ao contexto das mídias sociais e o estabelecimento de um diálogo direto com as partes envolvidas são aspectos relevantes para o sucesso dessas estratégias.

A seguir estão alguns pontos-chave que ressaltam a importância dessa estratégia:

- **Alcance global:** As mídias sociais e outras plataformas de comunicação oferecem um alcance global, permitindo que a Organização atinja pessoas em diferentes regiões geográficas. Isso é especialmente relevante quando se trata de questões focos da entidade, que têm impacto em nível global. Por meio dessas plataformas, a Entidade pode compartilhar informações, conscientizar sobre problemas focais e inspirar ações em escala global.

- **Engajamento e interação:** As mídias sociais proporcionam um canal direto de interação com o público-alvo. Os seguidores podem compartilhar suas opiniões, fazer perguntas e fornecer feedback. Essa interação aumenta o engajamento e fortalece o relacionamento entre a Organização e seu público.

Além disso, as mídias sociais permitem que as pessoas compartilhem facilmente conteúdos relevantes, alcançando um público ainda maior e potencialmente atraindo novos financiadores e parceiros.

- **Criação de conteúdo relevante:** As mídias sociais e outras plataformas de comunicação permitem que a Organização crie e compartilhe conteúdos relevantes e engajadores. Isso inclui artigos, vídeos, infográficos, depoimentos e histórias de sucesso, entre outros formatos. Ao fornecer conteúdo valioso e informativo, a Entidade demonstra sua expertise na área e fortalece sua reputação como referência no setor. Esses conteúdos também ajudam a conscientizar o público sobre os problemas focos da entidade e a importância das ações da Organização.

- **Segmentação do público-alvo:** As plataformas de comunicação digital permitem segmentar o público-alvo com precisão. É possível direcionar anúncios e campanhas para pessoas com interesses específicos relacionados à temática central da entidade, como conservação da biodiversidade, energia renovável ou sustentabilidade empresarial. Essa segmentação aumenta a eficácia das estratégias de comunicação, garantindo que a mensagem certa seja entregue para as pessoas certas.

- **Monitoramento e análise de resultados:** As mídias sociais e outras plataformas de comunicação fornecem dados e métricas que permitem monitorar e analisar os resultados das estratégias de comunicação. É possível avaliar o alcance, o engajamento, as interações e o impacto dos conteúdos compartilhados. Essas informações são valiosas para ajustar a abordagem, identificar tendências e medir o retorno sobre o investimento em comunicação.

- **Identificar as plataformas relevantes:** É importante identificar as mídias sociais e outras plataformas de comunicação mais adequadas ao público-alvo da Organização. Por exemplo, se o público-alvo é composto por jovens, pode ser interessante focar em plataformas como Instagram e TikTok. Se o objetivo é alcançar profissionais do setor empresarial, o LinkedIn pode ser uma opção relevante. A Entidade deve considerar as características demográficas, interesses e comportamentos do seu público-alvo ao escolher as plataformas de comunicação mais eficazes.

- **Desenvolver uma estratégia de conteúdo:** A Organização deve desenvolver uma estratégia de conteúdo consistente e relevante para as plataformas escolhidas. Isso envolve a criação de conteúdos informativos, educacionais e inspiradores relacionados às questões abordadas pela Entidade. O conteúdo deve ser adaptado para cada plataforma, levando em conta as características e formatos de cada uma.

- **Estabelecer uma identidade visual coerente:** A Organização deve desenvolver uma identidade visual consistente que represente seus valores, missão e objetivos. Isso inclui a criação de um logotipo, paleta de cores, tipografia e elementos visuais que sejam reconhecíveis e coerentes em todas as plataformas de comunicação. Uma identidade visual coesa ajuda a fortalecer a imagem da Organização e transmitir profissionalismo.

- **Engajar o público:** É importante envolver o público nas plataformas de comunicação. Isso pode ser feito por meio de perguntas, enquetes, compartilhamento de histórias de sucesso, incentivo à participação em campanhas ou desafios, entre outros. O engajamento do público cria um senso de comunidade e fortalece o vínculo com a Organização.

- **Monitorar e avaliar os resultados:** A Organização deve monitorar regularmente o desempenho das suas ações de comunicação nas plataformas escolhidas. Isso pode ser feito por meio de métricas como o alcance, engajamento, compartilhamentos e cliques. Esses dados ajudam a identificar o que está funcionando bem e o que precisa ser ajustado na estratégia de comunicação.

- **Fomentar parcerias e conexões:** As mídias sociais e outras plataformas de comunicação oferecem a oportunidade de estabelecer parcerias e conexões com outras organizações, empresas, influenciadores e indivíduos relevantes para a causa central da instituição. A Organização pode buscar parcerias estratégicas, colaborações em conteúdo e compartilhamento de informações para ampliar seu alcance e impacto.

Em suma, a utilização eficaz de mídias sociais e outras plataformas de comunicação é essencial para aumentar a visibilidade e o impacto da Organização. Ao identificar as plataformas adequadas, desenvolver uma estratégia de conteúdo consistente, estabelecer uma identidade visual coerente, engajar o público, monitorar os resultados e fomentar parcerias, a Entidade estará maximizando suas chances de atrair financiadores e parceiros estratégicos.

Além disso, a utilização dessas plataformas permite a ampliação do alcance das mensagens e a promoção de uma maior conscientização sobre os problemas abordados pela Organização.

É importante destacar que a estratégia de comunicação nas mídias sociais e outras plataformas deve ser adaptada de acordo com as características do público-alvo e os objetivos da Organização.

É fundamental compreender as necessidades, interesses e valores do público para desenvolver conteúdos atrativos e relevantes. Isso pode ser feito por meio de pesquisas, análise de dados e interação direta com os seguidores e seguidoras.

Por tudo isso, é necessário manter uma postura ética e transparente na comunicação, transmitindo informações precisas e verificáveis. Assim, a Organização deve buscar criar um diálogo aberto com o público, respondendo a perguntas, esclarecendo dúvidas e incentivando a participação ativa.

Avaliar regularmente os resultados e o impacto da estratégia de comunicação é essencial para fazer ajustes e melhorias contínuas.

A análise das métricas e o feedback recebido ajudam a compreender o que está funcionando bem e identificar oportunidades de aprimoramento.

Por fim, é importante ressaltar que a comunicação nas mídias sociais e outras plataformas não deve ser vista apenas como uma forma de divulgação e captação de recursos, mas também como uma oportunidade de educar, engajar e promover mudanças positivas na sociedade. A Organização deve buscar construir relacionamentos duradouros com o público, estabelecendo uma conexão emocional e inspirando ações em prol do meio ambiente.

Em síntese, a utilização estratégica de mídias sociais e outras plataformas de comunicação é fundamental para aumentar a visibilidade, atrair financiadores e estabelecer parcerias estratégicas para a Organização. Ao desenvolver uma estratégia de comunicação clara, adaptada ao público-alvo, utilizando uma identidade visual consistente e criando conteúdos relevantes e engajadores, a Entidade estará fortalecendo sua presença online e aumentando o impacto de suas ações.

# Avaliações e Desempenho

Indicadores de desempenho para o terceiro setor são medidas quantitativas e qualitativas utilizadas para avaliar o progresso, o impacto e a eficácia das atividades, projetos e programas desenvolvidos pelas organizações sociais.

Esses indicadores são utilizados para mensurar resultados, monitorar o alcance de metas e objetivos, e fornecer informações relevantes para a tomada de decisões estratégicas.

Os indicadores de desempenho no terceiro setor podem abranger diferentes áreas, tais como: impacto social, eficiência na utilização de recursos, satisfação dos beneficiários, captação de recursos, transparência e prestação de contas. Eles são selecionados com base nos objetivos específicos da Organização e devem estar alinhados com sua missão, visão e valores.

É importante ressaltar que os indicadores de desempenho devem ser mensuráveis, relevantes, factíveis e sensíveis às mudanças. Eles devem ser definidos de forma clara e objetiva, utilizando critérios e parâmetros estabelecidos previamente.

Além disso, é fundamental estabelecer uma base de comparação, como metas, *benchmarks* ou referências externas, para facilitar a análise e interpretação dos resultados (Ribeiro & Macedo, 2021).

A escolha dos indicadores de desempenho no terceiro setor deve considerar a natureza das atividades e a realidade da Organização, levando em conta a disponibilidade de recursos, a capacidade de coleta e análise de dados, e as necessidades de informação das partes interessadas.

Estes indicadores devem ser revisados periodicamente, permitindo a adaptação e melhoria contínua da gestão e do planejamento estratégico.

Os indicadores de desempenho permitem medir e monitorar o progresso dos projetos e atividades da Entidade. Eles fornecem informações quantitativas e qualitativas que permitem avaliar o alcance de metas e objetivos, identificar áreas de melhoria e tomar decisões baseadas em evidências.

Carvalho e Silva (2020) afirmam que "os indicadores de desempenho são ferramentas indispensáveis para a gestão estratégica das organizações do terceiro setor". Eles ressaltam que esses indicadores permitem acompanhar o desempenho das atividades, mensurar os resultados alcançados e realizar ajustes necessários para o cumprimento das metas.

No mesmo sentido, Souza e Faria (2019) argumentam que "os indicadores de desempenho são essenciais para a prestação de contas e transparência das organizações do terceiro setor". Eles destacam que a mensuração adequada do desempenho permite que a Organização comunique seus resultados de forma clara e objetiva as partes interessadas, fortalecendo a confiança e a credibilidade.

Para Santos (2018) a definição e monitoramento de indicadores de desempenho são importantes para a gestão estratégica do terceiro setor.

Santos, argumenta que esses indicadores ajudam a Entidade a focar em resultados e a direcionar seus esforços para as atividades de maior impacto. Além disso, este autor destaca a importância de selecionar indicadores relevantes e alinhados com a missão e os objetivos da Organização.

Dessa forma, os indicadores de desempenho desempenham um papel crucial no planejamento estratégico do terceiro setor. Autores brasileiros ressaltam que esses indicadores são ferramentas indispensáveis para a gestão estratégica, a prestação de contas e a transparência das organizações. Eles permitem medir e monitorar o progresso dos projetos e atividades, avaliar resultados e tomar decisões informadas para o alcance das metas e objetivos.

O estabelecimento de indicadores de desempenho é fundamental para medir e monitorar o progresso dos projetos e atividades da Organização.

Os indicadores-chave de desempenho, Key Performance Indicator (KPIs), permitem avaliar de forma objetiva o alcance de metas e objetivos, identificar pontos fortes e áreas de melhoria, e fornecer informações valiosas para o planejamento estratégico e tomada de decisões.

A seleção dos KPIs deve ser cuidadosa e alinhada aos objetivos da Organização.

Esses KPIs devem ser específicos, mensuráveis, alcançáveis, relevantes e temporais (Specific, Measurable, Achievable, Relevant e Time-bound - SMART), ou seja, devem ter as seguintes características:

**Específicos (Specific):** Os KPIs devem ser claros e direcionados para um aspecto específico do projeto ou atividade. Por exemplo, se a Organização está realizando um projeto de reflorestamento, um indicador específico poderia ser o número de mudas plantadas.

**Mensuráveis (Measurable):** Os KPIs devem ser quantificáveis e passíveis de serem medidos. Isso permite acompanhar e comparar o progresso ao longo do tempo. Por exemplo, o indicador mencionado anteriormente pode ser medido em termos de quantidade de mudas plantadas por mês ou por ano.

**Alcançáveis (Achievable):** Os KPIs devem ser realistas e alcançáveis dentro das condições e recursos disponíveis. É importante estabelecer metas desafiadoras, porém factíveis, para motivar a equipe e garantir o progresso.

**Relevantes (Relevant):** Os KPIs devem estar diretamente relacionados aos objetivos e à missão da Organização. Eles devem refletir aspectos essenciais do projeto ou atividade que são importantes para o sucesso e o impacto almejados.

**Temporais (Timely):** Os KPIs devem ter um período de tempo definido para sua avaliação. Isso permite acompanhar o progresso de forma contínua e estabelecer marcos e prazos para a realização das metas. Por exemplo, o indicador de reflorestamento mencionado pode ter uma meta de plantar 10.000 mudas até o final do ano.

A escolha dos KPIs dependerá dos objetivos específicos da Organização e dos projetos em andamento.

Alguns exemplos de KPIs comumente utilizados em iniciativas exitosas incluem:

- Redução de emissões de carbono: quantidade de toneladas de $CO_2$ evitadas ou reduzidas em um determinado período de tempo.

- Conservação de biodiversidade: número de espécies protegidas ou número de áreas preservadas.

- Eficiência energética: percentual de redução no consumo de energia elétrica ou combustíveis fósseis.

- Engajamento da comunidade: número de pessoas envolvidas em atividades de conscientização e enfrentamento da problemática foco da entidade.

- Impacto social: avaliação do impacto positivo das atividades da Organização na qualidade de vida das comunidades locais.

## Avaliações Periódicas

As avaliações periódicas fornecem informações sistematicamente sobre o desempenho, eficácia e impacto das atividades e projetos desenvolvidos pelas organizações sociais.

Essas avaliações permitem uma análise continua e objetiva dos resultados alcançados, identificando pontos fortes e fracos, e direcionando a tomada de decisões estratégicas.

Conforme explica Mendes (2019), "a avaliação periódica é uma ferramenta estratégica para a melhoria contínua das organizações do terceiro setor". Ele ressalta que essas avaliações permitem uma análise crítica das ações e resultados, proporcionando informações valiosas para a definição de novas metas e aprimoramento das práticas organizacionais.

Para Filho e Freitas (2021) "as avaliações periódicas são essenciais para aprimorar a gestão e o direcionamento estratégico das organizações do terceiro setor". Eles enfatizam que essas avaliações fornecem dados qualitativos e quantitativos que permitem avaliar o impacto social das atividades, a efetividade dos programas e a eficiência na utilização de recursos. Isso auxilia na prestação de contas e no fortalecimento da transparência da Organização.

Já Gomes (2020) destaca que as avaliações periódicas são importantes para garantir a sustentabilidade e o crescimento das organizações do terceiro setor. Ele afirma que essas avaliações permitem identificar oportunidades de melhoria, ajustar estratégias, fortalecer parcerias e atrair recursos.

Além disso, Gomes ressalta que as avaliações periódicas fornecem evidências objetivas do impacto social da Organização, contribuindo para a obtenção de financiamentos e apoio institucional.

Desta forma percebemos que as avaliações periódicas são fundamentais para o planejamento estratégico do terceiro setor, pois fornecem informações valiosas para a melhoria contínua das organizações, direcionando as ações, o alcance de metas e o aprimoramento das práticas organizacionais.

Elas fortalecem a prestação de contas, a transparência e contribuem para a sustentabilidade e o crescimento das organizações do terceiro setor.

A realização de avaliações periódicas permite analisar o desempenho dos projetos e atividades, identificar pontos fortes e áreas que necessitam de melhorias, e, assim, ajustar a estratégia conforme necessário.

Essas avaliações fornecem informações valiosas que ajudam a orientar a tomada de decisões e maximizar os resultados alcançados.

A importância das avaliações periódicas pode ser destacada pelos seguintes aspectos:

- **Monitoramento do progresso:** As avaliações permitem acompanhar o progresso em relação aos objetivos estabelecidos, identificando se as metas estão sendo alcançadas dentro dos prazos previstos. Isso possibilita uma análise mais precisa do desempenho e ajuda a tomar medidas corretivas caso necessário.

- **Identificação de oportunidades de melhoria:** Ao analisar os resultados e o impacto das atividades da Organização, é possível identificar oportunidades de melhoria e ajustar as estratégias para maximizar os resultados. Através das avaliações, é possível identificar lacunas, obstáculos ou aspectos que possam ser otimizados, contribuindo para o aperfeiçoamento contínuo das ações.

- **Ajuste da estratégia:** As avaliações periódicas permitem uma análise crítica da estratégia adotada, considerando os resultados obtidos e as mudanças no contexto. Com base nas avaliações, é possível ajustar a estratégia de forma a responder de maneira mais efetiva aos desafios e oportunidades que surgem ao longo do tempo.

- **Transparência e prestação de contas:** As avaliações periódicas demonstram o compromisso da Organização com a transparência e a prestação de contas. Ao avaliar e comunicar os resultados alcançados, a Entidade demonstra sua responsabilidade perante os financiadores, parceiros, comunidades e demais parceiros, fortalecendo sua credibilidade e confiança.

- **Aprendizado organizacional:** Ao realizar avaliações regulares, a Organização tem a oportunidade de aprender com as experiências passadas. Isso significa analisar as lições aprendidas, identificar boas práticas e áreas de melhoria, e aplicar esse conhecimento para aprimorar os futuros projetos e atividades. O aprendizado organizacional contribui para o desenvolvimento contínuo da Organização e fortalece sua capacidade de lidar com desafios e alcançar resultados cada vez melhores.

- **Prestação de contas aos financiadores e parceiros:** As avaliações periódicas são fundamentais para prestar contas aos financiadores, parceiros e outras partes interessadas. Ao fornecer informações precisas sobre o desempenho da Entidade e os resultados alcançados, a Organização demonstra transparência e responsabilidade na utilização dos recursos financeiros e na execução de suas atividades. Isso fortalece a confiança e o apoio dos financiadores e parceiros, facilitando a captação de recursos e a construção de parcerias sólidas.

- **Orientação estratégica:** As avaliações periódicas fornecem informações valiosas para orientar a estratégia da Organização. Com base nos resultados e nas análises realizadas, é possível identificar tendências, ameaças e oportunidades que podem influenciar a definição de metas e a escolha de ações prioritárias. Dessa forma, as avaliações contribuem para um planejamento estratégico mais fundamentado e eficiente, direcionando os esforços da Entidade para áreas de maior impacto e relevância.

Para realizar as avaliações periódicas, é importante definir indicadores de desempenho (KPIs) relevantes, estabelecer métricas adequadas, coletar dados consistentes e aplicar métodos de análise apropriados.

As avaliações devem ser realizadas de forma sistemática e com uma abordagem participativa, envolvendo membros da equipe, parceiros e outras partes interessadas, promovendo assim uma visão abrangente e colaborativa do desempenho da Organização.

Portanto, a realização de avaliações periódicas é um componente essencial para o sucesso da Entidade.

Estas avaliações permitem uma análise aprofundada do desempenho, a identificação de melhorias e ajustes necessários, e o fortalecimento da capacidade de resposta da Organização aos desafios enfrentados.

Ao incorporar a cultura de avaliação contínua, a Organização está constantemente se aprimorando, maximizando seu impacto e contribuindo para a construção de um futuro sustentável da entidade.

## Monitoramento do ambiente externo

O monitoramento do ambiente externo permite que as organizações sociais identifiquem e compreendam as mudanças, tendências e desafios presentes no contexto em que atuam. Essa análise sistemática do ambiente externo fornece informações valiosas para a tomada de decisões estratégicas, a identificação de oportunidades e o enfrentamento de ameaças.

De acordo com Rocha e Silva (2020), "o monitoramento do ambiente externo permite que as organizações sociais estejam atentas às demandas e mudanças sociais, políticas e econômicas, adaptando suas estratégias e ações de acordo com essas condições".

Rezende e Machado (2019) afirmam que "o monitoramento do ambiente externo é crucial para as organizações do terceiro setor se manterem atualizadas em relação às políticas públicas, legislações e demandas sociais". Eles destacam que essa prática permite uma análise das oportunidades de parcerias, recursos e apoio institucional, bem como o entendimento das necessidades dos públicos-alvo.

Além disso, Santos e Silva (2018) argumentam que "o monitoramento do ambiente externo auxilia as organizações do terceiro setor na identificação de tendências e inovações no campo social, possibilitando uma atuação mais estratégica e eficaz". Eles ressaltam que essa análise contribui para o alinhamento das ações da Organização com as demandas da sociedade, promovendo a relevância e o impacto social.

O monitoramento do ambiente externo permite que as organizações sociais estejam atualizadas em relação às mudanças e tendências sociais, políticas e econômicas. Isso possibilita uma atuação mais adaptativa, identificação de oportunidades, parcerias estratégicas e maior relevância e impacto nas ações desenvolvidas pelas organizações do terceiro setor.

Este monitoramento do ambiente externo e das mudanças nas fontes de financiamento permite que a Organização se mantenha atualizada sobre as tendências, as mudanças regulatórias e as oportunidades de financiamento disponíveis, garantindo sua capacidade de adaptação e aproveitamento das melhores chances de recursos.

Abaixo estão alguns motivos pelos quais o monitoramento contínuo é essencial:

- **Identificação de oportunidades:** O ambiente externo está em constante evolução, com novas tendências e oportunidades emergindo regularmente. O monitoramento permite que a Organização fique atenta a essas mudanças e identifique oportunidades relevantes para seus projetos e atividades. Isso inclui a identificação de novas fontes de financiamento, como editais específicos, parcerias com empresas privadas, programas governamentais e fundos internacionais. Ao estar ciente dessas oportunidades, a Organização pode direcionar seus esforços de captação de recursos de maneira mais efetiva.

- **Antecipação de desafios:** Além de oportunidades, o monitoramento também ajuda a identificar desafios e mudanças regulatórias que podem afetar as fontes de financiamento existentes. Por exemplo, alterações nas políticas públicas ou nas prioridades de investimento podem impactar a disponibilidade de recursos. Ao estar ciente dessas mudanças com antecedência, a Organização pode se preparar e buscar alternativas para minimizar potenciais impactos negativos em suas atividades.

- **Adaptação da estratégia de captação de recursos:** Com base nas informações obtidas por meio do monitoramento, a Organização pode ajustar sua estratégia de captação de recursos de acordo com as mudanças no ambiente externo. Isso pode envolver aprimorar a comunicação e os materiais de divulgação para atender às expectativas dos financiadores, buscar parcerias estratégicas alinhadas com as novas tendências e necessidades do setor, e desenvolver propostas de projetos que sejam mais atrativas e relevantes para as fontes de financiamento disponíveis.

- **Aproveitamento de sinergias e parcerias:** O monitoramento contínuo também permite identificar oportunidades de sinergia e parcerias estratégicas com outras organizações ou iniciativas que compartilham objetivos e interesses similares. Ao estar ciente das atividades e projetos em andamento no ambiente externo, a Organização pode explorar colaborações que potencializem recursos, ampliem o alcance e aumentem o impacto das ações desenvolvidas.

- **Acompanhamento das demandas e expectativas da sociedade:** O ambiente externo reflete as demandas e expectativas da sociedade em relação às questões atacadas pela entidade. As mudanças nas preferências do público e nas prioridades de investimento podem afetar diretamente as oportunidades de financiamento. Ao monitorar essas mudanças, a Organização pode adaptar sua estratégia para abordar as preocupações atuais da sociedade, tornando-se mais relevante e atraente para potenciais financiadores.

- **Identificação de tendências e inovações:** O monitoramento contínuo permite que a Organização identifique tendências emergentes e inovações no campo de atuação. Isso inclui novas abordagens, tecnologias e metodologias que podem ser aplicadas nos projetos da Entidade. Ao se manter atualizada sobre essas tendências e inovações, a Organização pode fortalecer sua posição como uma Entidade atualizada e avançada, atraindo financiadores e parceiros interessados em apoiar ideias inovadoras e impactantes.

- **Análise da concorrência:** O monitoramento do ambiente externo também envolve a análise da concorrência, ou seja, o acompanhamento das atividades e projetos de outras organizações que atuam na mesma área de interesse. Isso permite que a Organização identifique lacunas ou oportunidades de colaboração que possam fortalecer suas propostas e diferenciais. Conhecer a concorrência também possibilita um posicionamento estratégico para destacar os diferenciais da Entidade e atrair financiadores e parceiros em potencial.

- **Atualização da estratégia organizacional:** Com base nas informações obtidas por meio do monitoramento, a Organização pode realizar ajustes em sua estratégia organizacional de forma mais ampla. Isso pode envolver a revisão dos objetivos, a definição de novas metas, a implementação de mudanças operacionais e aprimoramentos em processos internos. Essas atualizações contribuem para a adaptação contínua da Entidade às necessidades do ambiente externo, garantindo sua relevância e eficácia no longo prazo.

Portanto, o monitoramento do ambiente externo e das mudanças nas fontes de financiamento é uma prática fundamental para o sucesso e a sustentabilidade da Organização.

Essa abordagem permite que a Organização se mantenha atualizada, identifique oportunidades, antecipe desafios, adapte sua estratégia e aproveite ao máximo as fontes de financiamento disponíveis.

Em suma, o monitoramento do ambiente externo e das mudanças nas fontes de financiamento permite que a Entidade acompanhe as demandas da sociedade, identifique tendências e inovações, analise a concorrência e atualize sua estratégia organizacional.

Ao adotar uma abordagem proativa de monitoramento, a Organização estará em uma posição mais vantajosa para atrair financiadores e parceiros, garantindo a viabilidade e o sucesso de suas iniciativas.

# Gestão de riscos

A gestão de riscos é uma prática essencial para as organizações do terceiro setor, especialmente no que diz respeito à captação de recursos e execução de projetos. Ela envolve a identificação, análise, avaliação e mitigação dos riscos envolvidos nessas atividades, visando garantir a eficiência, eficácia e sustentabilidade das ações realizadas.

Conforme explica Silva et al. (2021), "a gestão de riscos é fundamental para as organizações sociais lidarem com incertezas e eventuais impactos negativos que possam afetar a captação de recursos e a execução dos projetos". Eles ressaltam que essa prática contribui para a tomada de decisões mais informadas e para a redução de perdas e danos.

Também Carvalho et al. (2019) afirmam que "a gestão de riscos é um componente crucial da governança das organizações do terceiro setor, uma vez que permite a identificação e o controle dos riscos inerentes às atividades realizadas". Estes autores enfatizam que essa prática auxilia na proteção dos recursos e na minimização de ameaças que possam comprometer o alcance dos objetivos organizacionais.

Fonseca e Barroso (2018) argumentam que "a gestão de riscos é uma ferramenta estratégica para o terceiro setor, permitindo o gerenciamento adequado dos riscos financeiros, reputacionais e legais que podem afetar as organizações". Eles ressaltam que essa prática contribui para a transparência, a prestação de contas e o fortalecimento da confiança dos financiadores e parceiros.

A gestão de riscos permite às organizações identificar e mitigar os riscos inerentes às atividades, reduzindo a incerteza e protegendo os recursos e a reputação da instituição. Isso contribui para a eficiência, eficácia e sustentabilidade das ações desenvolvidas pelas organizações do terceiro setor.

Fica evidente que a identificação dos principais riscos envolvidos na captação de recursos e execução dos projetos permite uma gestão adequada e a implementação de medidas de mitigação.

Abaixo estão alguns pontos que ressaltam a importância dessa identificação:

- **Antecipação de desafios financeiros:** Identificar os riscos financeiros envolvidos na captação de recursos permite que a Organização esteja preparada para lidar com possíveis dificuldades, como a falta de financiamento, atrasos nos repasses de recursos, variações cambiais, entre outros. Ao conhecer e avaliar esses riscos, a Entidade pode desenvolver estratégias de diversificação de fontes de financiamento, criar reservas financeiras ou estabelecer parcerias estratégicas para mitigar os impactos negativos.

- **Gerenciamento eficaz dos riscos operacionais:** A execução dos projetos envolve uma série de atividades operacionais, como logística, gestão de equipes, coordenação de recursos e prazos. Identificar os riscos operacionais possibilita a elaboração de planos de contingência, a alocação adequada de recursos e a definição de processos eficientes para minimizar possíveis problemas, como atrasos na execução, falhas na qualidade dos serviços ou falta de capacidade para cumprir as metas estabelecidas.

- **Conformidade legal e regulatória:** A Organização deve estar atenta aos riscos legais e regulatórios relacionados às atividades desenvolvidas. Isso inclui o cumprimento de leis, obrigações contratuais, normas de prestação de contas, entre outros aspectos. Identificar esses riscos permite que a Entidade adote medidas de conformidade, como o acompanhamento das mudanças nas legislações, a realização de auditorias internas e a implementação de políticas e procedimentos que garantam a conformidade legal.

- **Preservação da reputação institucional:** A Organização deve considerar os riscos reputacionais, ou seja, aqueles que podem afetar sua imagem e credibilidade perante os financiadores, parceiros e sociedade em geral. Riscos como má gestão financeira, escândalos éticos, conflitos de interesse ou desvios de conduta podem comprometer a confiança e o apoio recebido. Ao identificar esses riscos, a Entidade pode implementar políticas de transparência, governança e ética, além de monitorar de forma proativa sua reputação por meio da comunicação transparente e eficaz.

- **Sustentabilidade de longo prazo:** A identificação dos riscos envolvidos na captação de recursos e execução dos projetos também contribui para a sustentabilidade da Organização a longo prazo. Ao conhecer e gerenciar esses riscos de forma adequada, a Entidade aumenta suas chances de sucesso na implementação de seus projetos, na obtenção de financiamentos e parcerias duradouras, garantindo assim sua continuidade e impacto positivo no campo de atuação.

Em resumo, a identificação dos principais riscos envolvidos na captação de recursos e execução dos projetos é fundamental para a Organização garantir sua eficácia, eficiência e sustentabilidade.

Ao realizar uma análise detalhada dos riscos, a Entidade estará mais preparada para enfrentar desafios e tomar medidas proativas para minimizar impactos negativos.

É importante ressaltar que a identificação de riscos não se trata apenas de listar os possíveis problemas, mas também de avaliar sua probabilidade de ocorrência e impacto. Isso permite que a Organização priorize os riscos mais significativos e direcione seus esforços para mitigá-los de maneira adequada.

Uma abordagem recomendada é realizar uma análise SWOT (Strengths, Weaknesses, Opportunities, Threats) ou uma análise de risco mais estruturada, como a matriz de risco. Essas ferramentas ajudam a identificar os riscos específicos associados à captação de recursos e execução dos projetos, bem como a avaliar sua importância e prioridade.

Uma vez que os principais riscos são identificados, a Organização pode desenvolver estratégias e planos de ação para gerenciá-los.

Isso pode incluir a implementação de controles internos, a definição de processos de monitoramento e avaliação, a alocação adequada de recursos, a contratação de seguros ou a busca de parcerias que possam mitigar os riscos identificados.

Além disso, é importante que a Organização revise regularmente sua análise de riscos e ajuste suas estratégias conforme necessário. O ambiente externo está em constante mudança, e novos riscos podem surgir ao longo do tempo. Portanto, é essencial manter uma mentalidade de melhoria contínua e estar preparado para se adaptar às novas circunstâncias.

Em resumo, a identificação dos principais riscos envolvidos na captação de recursos e execução dos projetos permite que a Organização esteja mais preparada para enfrentar desafios, tomar decisões informadas e garantir sua sustentabilidade em longo prazo.

É um processo contínuo que requer atenção e monitoramento constante para proteger os interesses da Entidade e maximizar seu impacto positivo.

## Planos de contingência dos riscos

Os planos de contingência dos riscos são ferramentas essenciais para uma resposta eficiente e eficaz diante de eventos adversos ou situações de crise que possam afetar a Organização. Esses planos visam minimizar os impactos negativos, proteger os recursos e a continuidade das atividades, além de assegurar a sustentabilidade da Entidade.

De acordo com Souza e Schmitz (2020), "a elaboração de planos de contingência é fundamental para que as organizações sociais possam antecipar possíveis riscos, estabelecer estratégias de resposta e garantir a continuidade das suas ações". Eles ressaltam que essa prática contribui para a resiliência e adaptação da Organização diante de cenários adversos.

Em outro estudo, Silva e Souza (2019) afirmam que "os planos de contingência são importantes instrumentos de gestão de crises, permitindo uma resposta rápida e efetiva diante de eventos imprevistos". Eles enfatizam que esses planos devem incluir ações específicas para cada tipo de risco identificado, bem como a definição de responsabilidades e a mobilização de recursos necessários.

Para Vieira e Teixeira (2018) "os planos de contingência são essenciais para garantir a continuidade das operações das organizações do terceiro setor em situações de crise, como desastres naturais, interrupção de recursos ou mudanças políticas". Eles ressaltam que a antecipação e preparação para possíveis eventos adversos contribuem para a proteção dos ativos organizacionais e a manutenção dos serviços prestados.

Assim, os planos de contingência dos riscos contribuem para a resiliência, a continuidade das atividades e a proteção dos recursos e ativos da Organização. Isso assegura a sustentabilidade e a efetividade das ações desenvolvidas pelas organizações do terceiro setor.

Ao desenvolver um plano de contingência, é fundamental considerar cada risco identificado e elaborar ações específicas a serem implementadas caso esses riscos se materializem.

Cada plano deve ser adaptado às características e circunstâncias particulares da Organização e dos projetos em questão.

Um plano de contingência eficaz deve incluir as seguintes informações:

- **Identificação do risco:** Descrever claramente o risco em questão, suas possíveis causas e consequências.

- **Ações a serem tomadas:** Definir as medidas a serem adotadas para mitigar, superar ou minimizar os impactos do risco. Isso pode incluir a realocação de recursos, a revisão de estratégias, a mobilização de equipe adicional ou a busca de parcerias estratégicas.

- **Monitoramento e avaliação:** Estabelecer mecanismos de monitoramento e avaliação para acompanhar a implementação do plano de contingência, avaliar sua eficácia e realizar ajustes quando necessário. Isso permite que a Organização identifique lacunas ou problemas e tome medidas corretivas de forma oportuna.

- **Responsabilidades:** Atribuir responsabilidades claras a membros específicos da Organização, garantindo que cada pessoa envolvida saiba exatamente quais ações são de sua responsabilidade e quais são suas áreas de atuação.

- **Recursos necessários:** Identificar os recursos necessários para implementar as ações de contingência, como financeiros, materiais, tecnológicos ou humanos. É importante garantir que esses recursos estejam disponíveis e acessíveis quando necessário.

- **Comunicação:** Estabelecer um plano de comunicação eficaz para garantir que todas as partes envolvidas sejam informadas sobre as ações de contingência em andamento. Isso inclui a definição de canais de comunicação, pontos de contato e protocolos de notificação.

Ao desenvolver e implementar planos de contingência, a Organização está preparada para responder de forma eficaz e ágil a possíveis adversidades.

Esses planos proporcionam maior segurança e confiança, minimizam os impactos negativos e possibilitam a continuidade das atividades da Organização, mesmo diante de eventos inesperados. Além disso, demonstram profissionalismo e comprometimento com os resultados, fortalecendo a confiança dos financiadores, parceiros e colaboradores envolvidos.

Além disso, é importante ressaltar que a elaboração de planos de contingência não deve ser vista como um processo estático, mas sim como um processo contínuo e iterativo. Os riscos e as condições podem mudar ao longo do tempo, portanto, os planos de contingência devem ser revisados e atualizados regularmente para garantir sua eficácia e relevância contínuas.

Para desenvolver planos de contingência eficazes, é recomendável seguir algumas etapas:

- **Identificação de riscos:** Realizar uma análise completa e sistemática dos riscos potenciais que podem afetar a Organização e seus projetos. Isso pode ser feito por meio de avaliações de risco, análise de cenários e consulta a especialistas.

- **Priorização de riscos:** Avaliar a probabilidade e o impacto de cada risco identificado e priorizá-los com base em sua importância e potencial de ocorrência. Isso permitirá que a Organização concentre seus esforços e recursos nos riscos mais significativos.

- **Desenvolvimento de estratégias de mitigação:** Identificar e planejar ações específicas que possam reduzir a probabilidade de ocorrência ou minimizar os impactos dos riscos identificados. Essas estratégias podem incluir medidas preventivas, planos de contingência alternativos e planos de comunicação eficazes.

- **Implementação e testes:** Colocar em prática os planos de contingência e realizar testes para garantir sua eficácia e viabilidade. Os testes incluem simulações de cenários adversos, treinamento e revisões periódicas dos planos.

- **Monitoramento e atualização:** Monitorar continuamente o ambiente e as condições externas para detectar mudanças nos riscos identificados e atualizar os planos de contingência de acordo. É fundamental estar atento a novos riscos emergentes e às tendências do setor.

Ao estabelecer planos de contingência bem estruturados, a Organização estará preparada para lidar com adversidades e imprevistos, minimizando potenciais danos e interrupções em suas atividades.

Além disso, demonstra profissionalismo, transparência e responsabilidade aos financiadores, parceiros e demais colaboradores envolvidos, o que fortalece a confiança e o apoio contínuo.

Em resumo, a criação de planos de contingência é uma prática essencial para a Organização, pois proporciona uma abordagem proativa na gestão de riscos, permitindo uma resposta eficiente a possíveis adversidades. Isso ajuda a assegurar a sustentabilidade e o sucesso dos projetos, além de garantir a continuidade das ações da Entidade em benefício da resolução dos problemas que se pretende atacar e da sociedade como um todo.

## Mitigação de riscos identificados

A mitigação de riscos identificados consiste em adotar mecanismos de controle, supervisão e superação dos riscos identificados, a fim de minimizar sua probabilidade de ocorrência e impacto negativo na Organização.

Para Santos et al. (2020), "a mitigação de riscos envolve a implementação de medidas de controle que visam reduzir a probabilidade de ocorrência e minimizar as consequências dos eventos adversos". Eles ressaltam que essas medidas podem incluir a definição de políticas, procedimentos e práticas adequadas, bem como o estabelecimento de sistemas de monitoramento e supervisão.

Em outro estudo, Lima e Castro (2019) argumentam que "a mitigação de riscos requer ações proativas para superar os desafios identificados, buscando soluções e alternativas que minimizem os impactos negativos".

Lima e Castro destacam que essas ações podem envolver a implementação de estratégias de diversificação de recursos, parcerias estratégicas e a busca por fontes alternativas de financiamento.

Além disso, Bressiani et al. (2018) afirmam que "a mitigação de riscos no terceiro setor requer uma abordagem abrangente que envolva não apenas mecanismos de controle e supervisão, mas também a capacidade de superar os obstáculos e adaptar-se às mudanças". Eles ressaltam que as organizações devem desenvolver habilidades de resiliência e flexibilidade para lidar com os riscos e incertezas do ambiente.

Portanto, a mitigação de riscos identificados por meio de mecanismos de controle, supervisão e superação desempenha um papel fundamental no terceiro setor. Essas medidas contribuem para reduzir a probabilidade de ocorrência de eventos adversos e minimizar seus impactos negativos. Isso fortalece a resiliência e a capacidade de adaptação das organizações, garantindo sua sustentabilidade e efetividade.

O estabelecimento de mecanismos de controle e supervisão desempenha esses mecanismos garantem que as ações de mitigação sejam implementadas de maneira adequada, eficaz e oportuna, contribuindo para a redução dos impactos negativos e a maximização dos resultados positivos.

Existem várias razões pelas quais os mecanismos de controle e supervisão são importantes:

- **Monitoramento contínuo:** Os mecanismos de controle permitem um acompanhamento constante dos riscos identificados. Eles fornecem uma visão atualizada da situação, permitindo a identificação de quais riscos estão se materializando, em que medida e quais medidas de mitigação estão sendo implementadas. Dessa forma, a Organização pode tomar ações corretivas ou preventivas de maneira oportuna.

- **Identificação de desvios:** Os mecanismos de supervisão ajudam a identificar desvios em relação aos planos e às medidas de mitigação estabelecidos. Isso permite que a Organização identifique problemas precocemente e tome medidas para corrigir e ajustar as ações de acordo. Além disso, a identificação de desvios pode fornecer insights valiosos para melhorar futuros projetos e ações.

- **Responsabilização e transparência:** Os mecanismos de controle e supervisão permitem que a Organização seja responsabilizada por suas ações e decisões. Eles ajudam a garantir que a Entidade cumpra com suas responsabilidades e compromissos, tanto em relação à mitigação de riscos quanto à prestação de contas aos financiadores, parceiros e demais partes interessadas. Além disso, a transparência na implementação dos mecanismos de controle fortalece a confiança e a credibilidade da Organização.

- **Melhoria contínua:** Os mecanismos de controle e supervisão proporcionam uma base para a aprendizagem organizacional e a melhoria contínua. Por meio do monitoramento e da análise dos resultados, a Organização pode identificar áreas de melhoria, ajustar estratégias e aprimorar os processos internos. Isso ajuda a fortalecer a capacidade da Organização em lidar com riscos e aprimorar sua eficácia na implementação de projetos.

Para estabelecer mecanismos de controle e supervisão eficazes, é importante definir claramente as responsabilidades, estabelecer padrões de desempenho e desenvolver indicadores de acompanhamento.

Além disso, é essencial dedicar recursos adequados para realizar revisões periódicas, coletar dados relevantes e preparar relatórios de acompanhamento.

Essas práticas permitem uma avaliação objetiva do progresso na mitigação de riscos, facilitando a tomada de decisões informadas e a implementação de ações corretivas quando necessário (Araujo et al., 2021).

Em suma, o estabelecimento de mecanismos de controle e supervisão é crucial para a gestão eficaz dos riscos identificados. Eles proporcionam uma estrutura para monitorar, avaliar e ajustar as medidas de mitigação, garantindo que a Organização esteja no caminho certo para alcançar seus objetivos e minimizar os impactos negativos.

Ao implementar esses mecanismos, a Entidade ganha maior confiança e transparência, tanto internamente quanto em relação aos financiadores, parceiros e demais partes interessadas.

Algumas práticas comuns na criação de mecanismos de controle e supervisão incluem:

- **Estabelecer responsabilidades claras:** Definir claramente quem são os responsáveis pela supervisão dos riscos e pela implementação das ações de mitigação. Isso envolve designar pessoas ou equipes específicas e atribuir autoridade e recursos para que possam desempenhar suas funções adequadamente.

- **Definir indicadores-chave de desempenho (KPIs):** Identificar e estabelecer indicadores-chave que permitam medir o progresso na mitigação dos riscos. Esses indicadores devem ser mensuráveis, relevantes e alinhados aos objetivos da Organização. Eles podem incluir taxas de sucesso na captação de recursos, índices de conformidade com regulamentações, redução de riscos financeiros, entre outros.

- **Realizar revisões periódicas:** Agendar avaliações regulares para revisar o desempenho da Organização em relação à mitigação de riscos. Essas revisões podem ser trimestrais, semestrais ou anuais, dependendo da natureza dos projetos e das atividades. Durante as revisões, os responsáveis podem analisar os indicadores de desempenho, identificar desvios e tomar medidas corretivas.

- **Documentar e relatar:** Manter registros detalhados das ações de mitigação implementadas e dos resultados obtidos. Isso inclui documentar os riscos identificados, as medidas adotadas, os recursos alocados e os resultados alcançados. Além disso, preparar relatórios regulares de acompanhamento que possam ser compartilhados com a equipe interna, financiadores e outras partes interessadas relevantes.

- **Adaptar a estratégia:** Com base nas avaliações periódicas e nos resultados obtidos, ajustar a estratégia da Organização, se necessário. Isso pode envolver a revisão dos planos de contingência, a realocação de recursos, a implementação de novas ações ou a modificação de abordagens existentes. A capacidade de adaptação é essencial para enfrentar os desafios e as mudanças que podem ocorrer ao longo do tempo.

Estabelecer mecanismos de controle e supervisão é crucial para mitigar riscos e garantir o progresso efetivo dos projetos e atividades da Organização. Esses mecanismos ajudam a identificar problemas, tomar medidas corretivas, melhorar o desempenho e assegurar a sustentabilidade das ações em longo prazo.

Através de uma abordagem proativa e diligente, a Entidade pode gerenciar efetivamente os riscos e maximizar o impacto positivo de seus esforços.

# Orçamento e gestão financeira

O plano orçamentário e a gestão financeira proporcionam o controle e a efetiva utilização dos recursos financeiros disponíveis. O plano orçamentário envolve a elaboração de um planejamento detalhado das receitas e despesas da Organização, enquanto a gestão financeira refere-se às práticas e processos adotados para gerenciar esses recursos de forma eficiente e transparente.

Conforme defende Lima e Machado (2021), "o plano orçamentário é um instrumento de gestão que permite à Entidade direcionar seus recursos financeiros de forma estratégica, garantindo a viabilidade das ações e o alcance dos objetivos". Eles destacam que esse plano deve ser realista, considerando as fontes de receita e as demandas financeiras da Organização.

Em outro estudo, Soares et al. (2019) afirmam que "a gestão financeira eficiente é essencial para assegurar a sustentabilidade das organizações do terceiro setor, garantindo a transparência na aplicação dos recursos e a conformidade com as normas contábeis". Eles ressaltam que a adoção de práticas de controle interno, como a prestação de contas periódica e a elaboração de relatórios financeiros claros, contribui para a confiança dos financiadores e parceiros.

Moreira e Silveira (2018) argumentam que "a gestão financeira no terceiro setor deve considerar não apenas a eficiência operacional, mas também a efetividade social, ou seja, o impacto gerado pelas ações da Entidade".

Estes autores enfatizam a importância de monitorar o desempenho financeiro, avaliando o retorno social e a capacidade de gerar valor para a comunidade atendida.

Desta forma, o plano orçamentário e a gestão financeira permitem direcionar e gerenciar os recursos financeiros de forma estratégica, garantindo a sustentabilidade, a transparência e a efetividade das ações das organizações.

## Plano Orçamentário

A elaboração de um plano orçamentário é de extrema importância para a Organização, pois permite o controle financeiro adequado e a alocação eficiente dos recursos disponíveis.

Esse plano consiste em uma estimativa das despesas e receitas esperadas para cada projeto de variados de acordo com o foco da Organização, levando em consideração diversos aspectos financeiros relacionados às atividades da Entidade.

Ao desenvolver um plano orçamentário, é essencial considerar todas as despesas envolvidas no projeto. Isso inclui os custos de pessoal, como salários, benefícios e encargos trabalhistas, os custos de equipamentos e materiais necessários para as atividades, os custos de serviços contratados, como consultorias e capacitações, os custos de marketing e divulgação, e outros gastos administrativos.

Por outro lado, é importante também estimar as receitas esperadas para o projeto. Isso pode envolver recursos provenientes de fontes como financiamentos, parcerias estratégicas, doações, eventos, venda de produtos ou serviços, entre outros.

Ao projetar as receitas, é fundamental considerar fatores como prazos de recebimento e eventuais incertezas relacionadas à obtenção dos recursos.

A elaboração de um plano orçamentário detalhado permite uma visão clara das necessidades financeiras de cada projeto, bem como uma previsão das fontes de receita disponíveis. Essa análise financeira permite tomar decisões fundamentadas em relação à alocação de recursos, identificar possíveis deficiências orçamentárias e planejar estratégias para maximizar a eficiência e a sustentabilidade financeira dos projetos.

Além disso, o plano orçamentário também serve como uma ferramenta de acompanhamento e controle ao longo da execução dos projetos.

Comparando as despesas e receitas reais com as estimadas, é possível identificar desvios, ajustar os gastos conforme necessário e tomar medidas corretivas para garantir a viabilidade financeira dos projetos.

Em síntese, a elaboração de um plano orçamentário detalhado é fundamental para a Organização. Ele permite uma gestão financeira eficaz, a alocação adequada de recursos, a identificação de possíveis deficiências orçamentárias e o controle das finanças ao longo da execução dos projetos.

Com um planejamento financeiro sólido, a Entidade estará mais preparada para alcançar seus objetivos e promover suas atividades de maneira sustentável.

Além da importância do plano orçamentário, é fundamental destacar a necessidade de revisar e atualizar regularmente esse plano para garantir sua eficácia ao longo do tempo.

As condições financeiras podem mudar, surgindo novas fontes de receita ou imprevistos que impactam as despesas. Portanto, é recomendado realizar revisões periódicas do plano orçamentário, considerando os seguintes aspectos:

- **Acompanhamento das receitas:** Verificar se as estimativas de receita estão sendo alcançadas e identificar possíveis variações. Isso permite tomar medidas proativas para aumentar a captação de recursos, como buscar novas parcerias, desenvolver estratégias de marketing mais eficientes ou diversificar as fontes de financiamento.

- **Análise das despesas:** Comparar as despesas reais com as estimadas no plano orçamentário. Identificar eventuais desvios e avaliar se os gastos estão alinhados com as prioridades da Organização. Caso necessário, ajustar o plano de gastos e realocar recursos para otimizar a utilização dos recursos disponíveis.

- **Consideração de imprevistos:** Incluir uma margem de contingência no plano orçamentário para lidar com possíveis imprevistos ou emergências que possam surgir ao longo da execução dos projetos. Isso proporciona flexibilidade financeira e evita que a Organização seja pega de surpresa por eventos não planejados.

- **Reavaliação das prioridades:** À medida que novos projetos e oportunidades surgem, é importante avaliar se eles estão alinhados com a missão e os objetivos da Organização. Caso contrário, é necessário revisar o plano orçamentário e realocar recursos de acordo com as prioridades estabelecidas.

- **Transparência e prestação de contas:** O plano orçamentário também desempenha um papel fundamental na transparência e prestação de contas da Entidade. Ao comunicar claramente as estimativas de receita e despesa aos financiadores, parceiros e demais partes interessadas, a Organização demonstra sua responsabilidade na gestão dos recursos e fortalece a confiança em suas atividades.

A revisão e atualização periódica do plano orçamentário são cruciais para garantir a eficácia e a sustentabilidade financeira da Organização.

Ao monitorar as receitas, analisar as despesas, considerar imprevistos, reavaliar prioridades e promover a transparência, a Organização estará em melhor posição para enfrentar os desafios financeiros e otimizar o alcance de seus projetos e atividades.

## Indicadores financeiros

Os indicadores financeiros desempenham um papel crucial no terceiro setor, fornecendo informações e métricas que permitem avaliar a saúde financeira e a sustentabilidade das organizações.

Esses indicadores são medidas quantitativas que refletem a eficiência, a eficácia e a viabilidade financeira das operações da Organização.

Para Santos et al. (2020), "os indicadores financeiros permitem acompanhar e monitorar a performance financeira das organizações do terceiro setor, fornecendo informações sobre a arrecadação de recursos, a capacidade de pagamento de despesas e a adequação aos requisitos legais e normativos".

Eles enfatizam que esses indicadores são essenciais para a tomada de decisão e para o planejamento financeiro das organizações.

De conformidade com Sampaio et al. (2018) "os indicadores financeiros auxiliam na análise da sustentabilidade econômica das organizações do terceiro setor, permitindo identificar a eficiência na captação e utilização dos recursos, bem como a capacidade de gerar excedentes para investimento e crescimento".

Estes autores destacam que esses indicadores possibilitam comparar o desempenho financeiro ao longo do tempo e em relação a benchmarks setoriais.

Guedes et al. (2017) argumentam que "os indicadores financeiros são fundamentais para a prestação de contas e a transparência das organizações do terceiro setor, permitindo que os doadores e financiadores avaliem o uso adequado dos recursos e a efetividade das ações". Eles ressaltam que a divulgação dos indicadores financeiros contribui para a confiança e a credibilidade das organizações perante as partes envolvidas.

A definição de indicadores financeiros é fundamental para monitorar a saúde financeira da Organização e garantir sua sustentabilidade a longo prazo.

Esses indicadores fornecem informações importantes sobre a situação econômico-financeira da Organização e permitem avaliar seu desempenho financeiro de forma objetiva.

A seguir, estão alguns pontos que destacam a importância desses indicadores:

- **Avaliação da liquidez:** Indicadores como o fluxo de caixa e o capital de giro ajudam a avaliar a capacidade da Organização em honrar seus compromissos financeiros a curto prazo. Monitorar esses indicadores permite identificar possíveis problemas de liquidez e tomar medidas para garantir a disponibilidade de recursos financeiros necessários.

- **Análise da rentabilidade:** Indicadores como a margem de lucro e o retorno sobre o investimento permitem avaliar a eficiência financeira da Organização e sua capacidade de gerar lucro a partir das atividades desenvolvidas. Essa análise auxilia na tomada de decisões estratégicas, como a alocação de recursos em projetos que proporcionam maior retorno financeiro.

- **Controle das despesas:** Acompanhar indicadores de despesas, como o percentual de despesas operacionais em relação à receita total, ajuda a controlar os gastos e garantir a utilização eficiente dos recursos. Esse controle é essencial para manter a saúde financeira da Organização e evitar desperdícios ou excessos financeiros.

- **Monitoramento das receitas:** Indicadores relacionados às receitas, como a diversificação de fontes de financiamento e o crescimento das receitas ao longo do tempo, permitem avaliar a sustentabilidade financeira da Organização. É importante acompanhar esses indicadores para garantir um fluxo de receitas estável e reduzir a dependência de uma única fonte de financiamento.

- **Apoio à tomada de decisões:** Os indicadores financeiros fornecem informações objetivas que auxiliam na tomada de decisões estratégicas. Eles permitem identificar áreas que requerem ajustes, direcionar investimentos de forma mais eficiente e alinhar a estratégia financeira da Organização aos seus objetivos de longo prazo.

A definição de indicadores financeiros adequados e o acompanhamento regular desses indicadores são essenciais para monitorar a saúde financeira da Entidade. Eles fornecem insights valiosos, permitem a identificação de problemas financeiros em estágio inicial e possibilitam a implementação de medidas corretivas para garantir a sustentabilidade financeira da Organização.

Além dos indicadores financeiros mencionados anteriormente, é importante destacar alguns outros indicadores que podem complementar a análise da saúde financeira da Organização:

- **Endividamento:** Esse indicador mede o nível de endividamento da Organização, considerando tanto as dívidas de curto prazo quanto as dívidas de longo prazo em relação ao patrimônio líquido. Acompanhar o endividamento auxilia na gestão do risco financeiro e na avaliação da capacidade da Entidade de honrar suas obrigações financeiras.

- **Eficiência operacional:** Indicadores de eficiência operacional, como o custo por unidade produzida ou o custo por aluno atendido em projetos educacionais, permitem avaliar a eficiência dos processos da Organização e identificar oportunidades de otimização de recursos. Esses indicadores ajudam a garantir a maximização do impacto obtido com os recursos disponíveis.

- **Retenção de financiadores e parceiros:** Monitorar a taxa de retenção de financiadores e parceiros é importante para avaliar a qualidade das relações estabelecidas e a capacidade da Organização de manter parcerias de longo prazo. Essa métrica pode indicar o grau de satisfação dos financiadores e parceiros e fornecer insights sobre áreas que podem precisar de melhorias na gestão de relacionamentos.

- **Impacto socioambiental:** Embora não seja um indicador financeiro direto, a mensuração do impacto socioambiental dos projetos da Organização é fundamental para avaliar o alcance dos objetivos e a efetividade das ações realizadas. Isso pode ser feito por meio de indicadores que quantifiquem os resultados alcançados, como número de pessoas beneficiadas, área de terras protegidas, redução de emissões de carbono, entre outros.

É importante ressaltar que a seleção dos indicadores financeiros e não financeiros deve estar alinhada aos objetivos da Organização e às características específicas dos projetos e atividades desenvolvidas. Cada Entidade pode ter suas próprias necessidades e prioridades de medição de desempenho.

Portanto, é fundamental identificar os indicadores mais relevantes para a realidade da Organização e garantir que eles sejam consistentes, mensuráveis, alcançáveis, relevantes e temporais (SMART) para uma avaliação adequada da saúde financeira e do impacto desejado.

**Gestão financeira**

A gestão financeira envolve práticas e processos para administrar os recursos financeiros de uma Organização de forma eficiente, transparente e sustentável. Ela abrange atividades como o planejamento financeiro, o controle de receitas e despesas, a elaboração de orçamentos, a gestão de fluxo de caixa, entre outras.

Segundo Cavalcante et al. (2020), "a gestão financeira eficiente é essencial para a sustentabilidade das organizações do terceiro setor, permitindo a utilização estratégica dos recursos disponíveis e a tomada de decisões embasadas em informações financeiras confiáveis". Eles destacam que a gestão financeira adequada contribui para a maximização dos resultados sociais alcançados pela Organização.

De acordo com Avelino et al. (2019) "a gestão financeira no terceiro setor engloba a captação de recursos, o controle financeiro, a prestação de contas e a transparência na utilização dos recursos, visando assegurar a responsabilidade social e a confiança dos financiadores e da sociedade". Eles enfatizam que a gestão financeira eficiente permite a otimização dos recursos disponíveis e o alcance dos objetivos da Organização.

Já Rocha e Santos (2018) argumentam que "a gestão financeira no terceiro setor deve ser pautada por princípios éticos e de responsabilidade social, visando garantir a transparência, a integridade e a legalidade na utilização dos recursos". Para eles a adoção de controles internos, a elaboração de relatórios financeiros claros e a prestação de contas periódica são práticas fundamentais para uma gestão financeira eficaz.

A implementação de práticas de gestão financeira eficientes é essencial para garantir a sustentabilidade econômica e o sucesso dos projetos da Organização.

Algumas das principais práticas incluem:

- **Controle de custos**: O controle rigoroso dos custos permite à Organização monitorar e gerenciar de perto os gastos em cada projeto. Isso envolve a identificação e classificação adequada de todas as despesas relacionadas aos projetos, o acompanhamento regular dos gastos efetuados e a comparação com o orçamento previsto. Dessa forma, a Entidade pode identificar possíveis desvios e adotar medidas corretivas para garantir a utilização eficiente dos recursos financeiros.

- **Análise de viabilidade econômica:** Antes de iniciar um projeto, é importante realizar uma análise de viabilidade econômica para avaliar se os benefícios esperados superam os custos envolvidos. Isso envolve a projeção das receitas esperadas, considerando fontes de financiamento, doações, parcerias e outros recursos, e a estimativa dos custos envolvidos, como despesas operacionais, recursos humanos, equipamentos e materiais. A análise de viabilidade permite identificar projetos financeiramente sustentáveis e priorizar aqueles que têm maior potencial de retorno.

- **Orçamento e planejamento financeiro:** A elaboração de um orçamento detalhado e o planejamento financeiro são fundamentais para garantir o equilíbrio entre as receitas e as despesas da Organização. Isso inclui a definição de metas financeiras, a alocação de recursos para cada projeto e atividade, e a criação de um plano de contingência para lidar com possíveis adversidades financeiras. O orçamento e o planejamento financeiro permitem que a Entidade tenha uma visão clara dos recursos disponíveis e tome decisões financeiras mais embasadas.

- **Monitoramento financeiro:** O monitoramento regular das finanças da Organização é crucial para avaliar o desempenho financeiro, identificar tendências e tomar medidas corretivas, se necessário. Isso envolve a análise de relatórios financeiros, o acompanhamento do fluxo de caixa, a revisão periódica dos resultados financeiros e a comparação com os indicadores estabelecidos. O monitoramento financeiro permite que a Organização tome decisões informadas, faça ajustes conforme necessário e mantenha um controle adequado das finanças.

- **Diversificação de fontes de financiamento:** Depender exclusivamente de uma única fonte de financiamento pode ser arriscado. Portanto, é importante buscar diversificar as fontes de recursos, explorando diferentes oportunidades de captação, como editais, parcerias com empresas, doações de indivíduos e apoio de fundos internacionais. Isso ajuda a reduzir a dependência de uma única fonte e aumenta a estabilidade financeira da Organização.

- **Gestão de doadores e parceiros:** Manter um relacionamento próximo e transparente com os doadores e parceiros é fundamental para garantir o apoio contínuo e a manutenção de parcerias estratégicas. Isso inclui o envio de relatórios de progresso, a prestação de contas sobre a utilização dos recursos e o compartilhamento dos resultados alcançados. Uma gestão eficiente dos doadores e parceiros contribui para a retenção e fidelização dessas importantes fontes de financiamento.

- **Planejamento de longo prazo:** É essencial ter uma visão de longo prazo ao desenvolver planos financeiros e estratégias. Isso envolve a definição de metas financeiras de médio e longo prazo, a projeção das necessidades financeiras futuras e a criação de reservas financeiras para lidar com imprevistos. O planejamento de longo prazo permite uma gestão mais estratégica dos recursos financeiros e uma melhor preparação para enfrentar desafios financeiros futuros.

- **Avaliação de impacto:** Realizar avaliações regulares do impacto dos projetos é uma prática importante para medir a eficácia e a eficiência dos investimentos financeiros. A avaliação de impacto permite identificar os projetos mais bem-sucedidos e redirecionar os recursos para áreas de maior impacto. Além disso, fornece informações valiosas para relatórios de prestação de contas e para a captação de recursos futuros.

- **Capacitação e formação:** Investir na capacitação e formação da equipe responsável pela gestão financeira é fundamental para garantir uma gestão eficiente dos recursos. Isso inclui o desenvolvimento de habilidades em finanças, contabilidade, elaboração de relatórios financeiros e outras competências relacionadas. A capacitação adequada da equipe contribui para uma gestão financeira mais precisa, informada e estratégica.

Em suma, a implementação de práticas de gestão financeira eficientes, aliada a estratégias de diversificação de fontes de financiamento, relacionamento próximo com doadores e parceiros, planejamento de longo prazo, avaliação de impacto e capacitação da equipe, promove uma gestão financeira sólida e sustentável na Organização.

Essas práticas auxiliam na maximização do impacto dos projetos e atividades, contribuindo para o alcance dos objetivos da Organização de forma eficaz e responsável.

A implementação dessas práticas de gestão financeira eficientes proporciona maior transparência, controle e eficiência na utilização dos recursos financeiros da Entidade.

Além disso, ajuda a garantir a sustentabilidade financeira dos projetos, maximizando o impacto desejado e fortalecendo a capacidade da Organização de atingir seus objetivos.

# Desenvolvimento de Projetos

A identificação de áreas prioritárias para a Entidade é de extrema importância para direcionar os esforços da Organização de forma estratégica e efetiva. Ao realizar uma análise criteriosa, a Organização pode identificar as áreas em que possui maior expertise, onde pode gerar maior impacto positivo e onde há demandas urgentes a serem abordadas.

A primeira consideração ao identificar as áreas prioritárias é a análise das necessidades locais. Isso implica compreender os desafios e problemas enfrentados pela comunidade e pelo ambiente local.

Ao direcionar os esforços para as áreas que enfrentam problemas mais urgentes e relevantes, a Organização pode contribuir de forma mais significativa para a melhoria das condições locais.

Além disso, é importante considerar as demandas dos grupos impactados pela atuação da Entidade. Esses grupos podem ser comunidades locais, povos indígenas, agricultores, pescadores, entre outros, de acordo com o foco da entidade.

É necessário entender as suas necessidades, preocupações e aspirações, e incorporar essas perspectivas na definição das áreas prioritárias.

Dessa forma, a Organização pode garantir que suas atividades estejam alinhadas com as demandas reais daqueles que são mais afetados pelas questões centrais da instituição.

Outro aspecto relevante é considerar as tendências globais na área de atuação da Organização. É importante que a Entidade esteja alinhada com as discussões e desafios atuais. Isso envolve acompanhar as principais tendências e debates na localidade e mundialmente.

Identificar áreas que estejam em sintonia com essas tendências permite à Organização contribuir para o avanço do conhecimento e para a solução dos problemas de forma contextualizada e atualizada.

A identificação de áreas prioritárias não implica necessariamente em excluir outras áreas de atuação, mas sim em direcionar os esforços e recursos para aquelas que são consideradas estratégicas e que oferecem maiores oportunidades de impacto positivo.

É importante ressaltar que essa identificação deve ser um processo contínuo, sujeito a revisões e ajustes à medida que as necessidades e contextos evoluem.

Portanto, ao identificar as áreas prioritárias para os variados temas de acordo com o foco da entidade, a Organização pode concentrar seus esforços, recursos e expertise nas áreas em que pode causar um impacto significativo e atender às demandas mais urgentes da comunidade, garantindo assim uma atuação mais eficaz e direcionada.

Além da identificação das áreas prioritárias, é fundamental que a Organização estabeleça objetivos claros e mensuráveis para cada uma delas. Isso permite direcionar as atividades de variados de acordo com o foco da Entidade de forma estratégica, alinhando-as com a missão e os valores da Organização.

Cada área prioritária deve ter metas específicas, que podem envolver a formação de profissionais capacitados na área, a produção de conhecimento científico relevante, a implementação de projetos de impacto social, entre outros.

Essas metas devem ser desdobradas em indicadores de desempenho que permitam acompanhar o progresso e avaliar o sucesso das iniciativas em cada área prioritária.

A definição de indicadores de desempenho relevantes é essencial para a avaliação e o monitoramento contínuo das atividades da Organização. Esses indicadores podem incluir a quantidade de alunos envolvidos em programas de ensino, o número de publicações científicas, o alcance das ações de extensão junto à comunidade, a implementação de projetos piloto, entre outros.

É importante que esses indicadores sejam específicos, mensuráveis, alcançáveis, relevantes e temporais (SMART), de forma a proporcionar uma base objetiva para a avaliação do desempenho.

A realização de avaliações periódicas é essencial para verificar o progresso e os resultados obtidos em cada área prioritária. Essas avaliações permitem identificar eventuais desvios em relação aos objetivos estabelecidos, bem como oportunidades de melhoria.

Com base nos resultados das avaliações, a Organização pode fazer ajustes na estratégia e nas ações, redirecionando esforços e recursos, se necessário, para maximizar os resultados alcançados.

Além disso, é importante destacar a necessidade de compartilhar os resultados obtidos e os impactos alcançados em cada área prioritária.

A comunicação eficaz dos resultados contribui para o reconhecimento e a valorização da Organização, fortalecendo sua credibilidade junto aos financiadores, parceiros e demais colaboradores.

Por meio de relatórios, publicações, eventos e outras formas de divulgação, a Entidade pode demonstrar de maneira transparente e objetiva os avanços e as contribuições em cada área prioritária.

Dessa forma, a identificação das áreas prioritárias e o estabelecimento de objetivos claros, indicadores de desempenho e avaliações periódicas permitem à Organização direcionar seus esforços e recursos de forma estratégica e eficiente.

Ao concentrar-se nas áreas de maior relevância e potencial de impacto, a Organização aumenta suas chances de sucesso na promoção da sustentabilidade da entidade e na busca por soluções para os desafios enfrentados pela sociedade.

## Projetos alinhados com a Organização e os financiadores

O desenvolvimento de projetos alinhados com a missão da Organização e com os requisitos dos financiadores é de extrema importância para garantir o sucesso na captação de recursos e a consecução dos objetivos da Entidade.

Ao alinhar os projetos com a missão da Entidade, assegura-se que eles estejam em conformidade com os valores e princípios defendidos pela Organização.

Isso proporciona coesão e consistência em todas as atividades desenvolvidas, fortalecendo a identidade e a imagem da Organização perante o público-alvo, financiadores e parceiros.

Além disso, projetos alinhados com a missão tendem a ser mais significativos e relevantes, impactando positivamente as comunidades e o meio ambiente (Sant'Anna & Terra, 2020).

Por outro lado, considerar os requisitos dos financiadores é fundamental para aumentar as chances de sucesso na captação de recursos.

Cada financiador pode ter critérios específicos, como áreas temáticas prioritárias, formatos de projetos, metas a serem alcançadas, orçamento disponível e prazos de submissão.

É importante estudar e compreender esses requisitos para adequar os projetos às expectativas dos financiadores.

Ao desenvolver projetos alinhados com a missão da Organização e com os requisitos dos financiadores, é possível criar propostas mais atrativas e persuasivas, demonstrando que a Entidade está comprometida em solucionar desafios relevantes e atender às demandas e expectativas dos financiadores.

Isso aumenta as chances de obtenção de recursos financeiros, parcerias estratégicas e apoio institucional, ampliando a capacidade de implementação dos projetos e a alcance dos resultados esperados.

Além disso, projetos bem elaborados e alinhados aos interesses dos financiadores demonstram profissionalismo e capacidade de gestão por parte da Organização.

Isso contribui para o estabelecimento de uma reputação sólida e confiável, o que pode facilitar a captação de recursos futuros e a formação de parcerias duradouras.

Portanto, o desenvolvimento de projetos alinhados com a missão da Entidade e com os requisitos dos financiadores é uma estratégia essencial para maximizar as chances de sucesso na captação de recursos e fortalecer a atuação da Organização no campo.

Considerar tanto os princípios e valores da Organização quanto às expectativas dos financiadores, significa que a Entidade está mais bem preparada para promover mudanças positivas e sustentáveis em benefício da sociedade e do meio ambiente.

O alinhamento dos projetos com a missão da Organização e os requisitos dos financiadores também traz benefícios no que diz respeito à eficiência e eficácia na execução dos projetos.

Ao desenvolver projetos alinhados com a missão da Entidade, os esforços e recursos são concentrados em áreas prioritárias e de maior relevância, evitando dispersão de recursos e maximizando o impacto positivo que a Organização pode gerar. Isso permite que a Entidade direcione seus recursos limitados de maneira estratégica e eficiente, obtendo resultados mais significativos e duradouros (Cruz & Ferreira, 2021).

Por sua vez, o atendimento aos requisitos dos financiadores é essencial para aumentar a competitividade da Organização na busca por recursos financeiros.

Ao adaptar os projetos aos critérios estabelecidos pelos financiadores, a Organização demonstra comprometimento e capacidade de atender às expectativas e demandas desses parceiros, o que aumenta a probabilidade de sucesso na obtenção de financiamento.

Além disso, o alinhamento com os requisitos dos financiadores também pode proporcionar acesso a oportunidades adicionais, como parcerias estratégicas, networking com outros atores relevantes no campo e maior visibilidade perante públicos-chave. Isso pode abrir portas para futuros financiamentos e colaborações que impulsionem ainda mais o trabalho da Organização.

Portanto, ao desenvolver projetos alinhados com a missão da Entidade e os requisitos dos financiadores, a Organização está se posicionando estrategicamente para obter os recursos necessários e garantir a sustentabilidade financeira de suas atividades.

Além disso, demonstra profissionalismo, capacidade de adaptação e comprometimento com a efetividade e a transparência na implementação dos projetos.

## Parcerias para desenvolvimento de projetos

O estabelecimento de parcerias estratégicas é de extrema importância para a Entidade. Essas parcerias proporcionam benefícios significativos e contribuem para o sucesso dos projetos de variados de acordo com o foco da Organização.

A seguir, alguns pontos principais relacionados a esse tema:

**Identificação de parceiros estratégicos:** É essencial identificar parceiros que possuam interesses e valores alinhados com a missão da Organização. Esses parceiros podem ser empresas, instituições governamentais, outras organizações da sociedade civil, entre outros. A busca por parceiros deve considerar também a complementaridade de recursos, conhecimentos e expertise necessários para o desenvolvimento dos projetos.

**Elaboração de acordos e contratos:** Ao estabelecer parcerias, é importante formalizar os compromissos e responsabilidades de cada parte por meio de acordos ou contratos. Esses documentos devem definir os objetivos do projeto, as contribuições de cada parceiro, as regras de governança, os mecanismos de prestação de contas e a divisão de resultados alcançados (Santos, 2019).

**Comunicação efetiva:** Uma boa comunicação entre os parceiros é essencial para o sucesso da parceria. É importante manter canais de diálogo abertos, compartilhar informações relevantes e alinhar expectativas. A comunicação também é fundamental para promover a transparência e a confiança entre as partes envolvidas.

**Gestão colaborativa:** A gestão da parceria deve ser pautada pela colaboração e cooperação entre os parceiros. É necessário estabelecer mecanismos de tomada de decisão conjunta, promover a participação de todas as partes envolvidas e incentivar a troca de conhecimentos e experiências.

**Avaliação e monitoramento contínuo:** É fundamental realizar uma avaliação e monitoramento contínuo do desenvolvimento dos projetos em parceria. Isso permite identificar eventuais desafios, ajustar estratégias, compartilhar aprendizados e mensurar os impactos gerados. A avaliação e o monitoramento são essenciais para o aprimoramento das parcerias e o alcance dos resultados esperados (Alves et al., 2021).

Uma das principais vantagens das parcerias estratégicas é a complementaridade de recursos e expertise.

Ao unir forças com instituições pode acessar conhecimentos especializados, metodologias avançadas e infraestrutura de laboratórios, por exemplo. Isso fortalece a capacidade da Organização em realizar pesquisas de alta qualidade, desenvolver soluções inovadoras e obter resultados mais robustos e confiáveis.

Além disso, as parcerias com governos, empresas e comunidades locais trazem benefícios adicionais. O envolvimento de governos pode facilitar a obtenção de licenças, apoio regulatório e acesso a recursos públicos.

Por sua vez, as parcerias com empresas podem oferecer recursos financeiros, patrocínio, acesso a redes de contatos e conhecimento prático do setor.

Já a colaboração com comunidades locais permite uma abordagem participativa e engajada, garantindo que as soluções sejam adaptadas às necessidades e realidades locais.

Outro ponto importante é o potencial de ampliação do impacto desejado por meio das parcerias. Ao unir diferentes atores, as parcerias permitem a troca de conhecimentos, experiências e perspectivas, enriquecendo as abordagens e soluções propostas.

Isso contribui para o desenvolvimento de projetos mais abrangentes, com maior alcance e engajamento da sociedade. Além disso, as parcerias facilitam a disseminação dos resultados e a replicação das boas práticas, promovendo um efeito multiplicador (Santos, 2019).

Para estabelecer parcerias estratégicas, é fundamental identificar as instituições, governos, empresas e comunidades locais que possuem interesses e objetivos alinhados com a Organização. A construção de relacionamentos sólidos e de confiança é essencial, e isso pode ser alcançado por meio de reuniões, eventos, participação em redes e colaborações em projetos piloto (Ribeiro, 2020).

Além dos benefícios mencionados anteriormente, é importante ressaltar algumas outras razões pelas quais o estabelecimento de parcerias estratégicas é essencial para uma Organização.

Em primeiro lugar, as parcerias podem ajudar a ampliar o alcance e a visibilidade dos projetos da Organização.

Ao unir esforços com instituições de renome, governos, empresas e comunidades locais, a Organização pode aproveitar as redes e os canais de comunicação desses parceiros para alcançar um público maior. Isso é especialmente relevante quando se trata de conscientizar a sociedade sobre questões focais e mobilizar apoio para as ações da Entidade (Ribeiro, 2020).

Além disso, as parcerias estratégicas também podem oferecer acesso a recursos adicionais, tanto financeiros quanto não financeiros.

Por exemplo, instituições de ensino e centros de pesquisa podem disponibilizar bolsas de estudo, infraestrutura de laboratórios e equipamentos de ponta para apoiar as atividades da Organização.

Empresas e governos, por sua vez, podem contribuir com financiamento, doações em espécie, serviços profissionais e expertise em áreas específicas.

Em resumo, as parcerias estratégicas desempenham um papel fundamental no desenvolvimento dos projetos da Organização. Elas permitem o compartilhamento de recursos, conhecimentos e expertise, fortalecem a capacidade de execução, ampliam o impacto e promovem o engajamento da sociedade. Portanto, buscar e cultivar parcerias estratégicas é uma estratégia crucial para o sucesso e a sustentabilidade das atividades da Entidade.

## Monitoramento e avaliação de Projetos

O monitoramento e a avaliação de projetos no terceiro setor são processos essenciais para garantir a efetividade e o impacto das ações realizadas pelas organizações.

A seguir, apresentamos os pontos principais relacionados a esse tema:

**Definição de indicadores e metas:** O primeiro passo para o monitoramento e a avaliação de projetos é estabelecer indicadores e metas claras, para medir o progresso e resultados. Esses indicadores devem estar alinhados com os objetivos do projeto e serem mensuráveis e realistas.

**Coleta de dados e informações:** É necessário estabelecer sistemas de coleta de dados e informações adequados para obter os dados necessários ao monitoramento e à avaliação. Isso pode incluir pesquisas, entrevistas, análise de documentos e outras técnicas de coleta de dados.

**Análise e interpretação dos dados:** Uma vez coletados os dados, é importante realizar uma análise e interpretação cuidadosa para compreender o progresso do projeto e seus impactos. Isso envolve comparar os resultados obtidos com as metas estabelecidas, identificar tendências, pontos fortes e áreas de melhoria.

**Feedback e aprendizado contínuo:** O monitoramento e a avaliação devem ser processos contínuos, permitindo a geração de feedback e aprendizado para aprimorar as ações e estratégias do projeto. É importante compartilhar os resultados com as partes interessadas e promover a reflexão sobre os desafios e oportunidades encontrados.

**Uso dos resultados para tomada de decisão:** Os resultados do monitoramento e da avaliação devem ser utilizados para orientar a tomada de decisão e o redirecionamento de recursos. As informações obtidas podem subsidiar ajustes no planejamento, identificação de boas práticas, prestação de contas e comunicação com as partes envolvidas.

A definição de indicadores de impacto é de extrema importância para uma Organização, pois permite mensurar e avaliar os resultados alcançados pelos projetos em relação aos objetivos estratégicos estabelecidos.

Esses indicadores de impacto são instrumentos de avaliação que fornecem uma base objetiva para medir o sucesso e a eficácia das ações realizadas.

Estabelecendo indicadores de impacto, consideramos a relevância e a pertinência de cada indicador em relação aos resultados desejados e ao contexto específico de cada projeto. Como vimos os indicadores devem estar alinhados aos objetivos estratégicos da Organização e às necessidades dos públicos impactados, levando em consideração tanto os aspectos ambientais quanto os sociais (Oliveira, 2021).

Um indicador de impacto bem definido deve ser mensurável, ou seja, passível de ser quantificado ou qualificado de forma objetiva.

Além disso, é importante que o indicador seja passível de acompanhamento ao longo do tempo, permitindo a comparação entre diferentes momentos e a análise de tendências. Isso possibilita uma avaliação contínua dos resultados e a identificação de áreas que requerem ajustes ou aprimoramentos.

A definição de indicadores de impacto adequados também facilita a comunicação dos resultados alcançados pela Organização, permitindo que sejam apresentados de forma clara e transparente aos colaboradores, parceiros e financiadores.

Esses indicadores fornecem evidências tangíveis do impacto positivo das ações da Organização, fortalecendo sua credibilidade e respaldando a captação de recursos e a busca por parcerias.

Além disso, os indicadores de impacto servem como ferramentas de aprendizado e melhoria contínua.

Ao acompanhar e analisar regularmente os indicadores, a Organização pode identificar sucessos e desafios, compreender os fatores que contribuem para os resultados obtidos e realizar ajustes nas estratégias e abordagens utilizadas. Isso permite otimizar a eficiência e a eficácia dos projetos, direcionando os recursos de forma mais precisa e alcançando maiores impactos (Ribeiro, 2020).

Além da definição de indicadores de impacto, é importante ressaltar a necessidade de estabelecer metas claras e realistas para cada indicador. As metas permitem estabelecer um ponto de referência a ser alcançado e orientam os esforços da Organização na busca por resultados mensuráveis.

A definição de metas deve ser feita de forma criteriosa, levando em consideração a viabilidade, a relevância e a ambição dos objetivos estabelecidos.

As metas devem ser desafiadoras o suficiente para estimular o progresso e aprimoramento contínuo, mas também devem ser realistas e factíveis, considerando os recursos disponíveis e as limitações do contexto em que a Organização atua (Melo et al., 2020).

Ao estabelecer metas e acompanhar os indicadores de impacto ao longo do tempo, a Entidade pode avaliar seu desempenho e identificar oportunidades de melhoria.

Caso os resultados estejam abaixo das metas estabelecidas, é possível reavaliar as estratégias, ajustar as ações e buscar soluções alternativas para alcançar os objetivos propostos. Da mesma forma, se os resultados superarem as metas, a Organização pode identificar boas práticas e replicá-las em outros projetos ou contextos (Oliveira, 2021).

Além disso, o monitoramento e a análise dos indicadores de impacto permitem a geração de evidências que comprovam o valor e a efetividade das ações da Organização.

Essas evidências podem ser utilizadas para fortalecer a comunicação com os colaboradores, parceiros e financiadores, demonstrando o impacto positivo gerado pelos projetos e o cumprimento dos objetivos estabelecidos. Isso contribui para a construção de uma imagem sólida e confiável da Entidade, auxiliando na captação de recursos e na expansão das parcerias (Silva & Pereira, 2019).

A definição de indicadores de impacto é essencial para a Organização, pois permite mensurar, avaliar e comunicar os resultados alcançados pelos projetos. Esses indicadores fornecem uma base objetiva para aferir o sucesso e a eficácia das ações realizadas, além de facilitar a aprendizagem e a melhoria contínua.

Por tudo isso, os indicadores de impacto desempenham um papel fundamental no monitoramento e no fortalecimento do trabalho realizado pela Organização.

## Acompanhamento de Projetos

O acompanhamento de projetos no terceiro setor é uma prática fundamental para garantir o bom andamento das atividades, o cumprimento dos prazos e a entrega dos resultados esperados.

A seguir, apresentamos os pontos principais relacionados a esse tema:

**Definição de indicadores de desempenho:** O acompanhamento de projetos deve ser pautado pela definição de indicadores de desempenho relevantes, que permitam mensurar o progresso e os resultados alcançados. Esses indicadores devem estar alinhados com os objetivos do projeto e serem monitorados de forma regular.

**Estabelecimento de marcos e metas intermediárias:** É importante estabelecer marcos e metas intermediárias ao longo do projeto, de forma a acompanhar o avanço das atividades e identificar eventuais desvios em relação ao planejado. Esses marcos e metas podem servir como referência para avaliar o progresso e tomar ações corretivas, se necessário.

**Comunicação efetiva entre as partes envolvidas:** É essencial estabelecer canais de comunicação efetivos entre todas as partes envolvidas no projeto, como equipe interna, colaboradores externos, financiadores e beneficiários. A comunicação regular e transparente contribui para o alinhamento das expectativas, o compartilhamento de informações relevantes e a resolução de possíveis impasses.

**Monitoramento contínuo:** O acompanhamento de projetos deve ser realizado de forma contínua, por meio de registros periódicos de atividades, prazos, recursos utilizados e resultados obtidos. Isso permite uma visão clara do andamento do projeto e facilita a identificação de problemas ou oportunidades de melhoria.

Avaliação e revisão periódica do plano de ação: Durante o acompanhamento do projeto, é importante realizar avaliações e revisões periódicas do plano de ação, a fim de verificar a sua adequação e realizar ajustes, se necessário. Essa prática permite que o projeto se mantenha alinhado com as demandas e as mudanças do contexto em que está inserido (Araujo et al., 2021).

A implementação de sistemas de monitoramento e avaliação desempenha um papel fundamental no acompanhamento do progresso e na avaliação da eficácia dos projetos realizados pela Organização.

Esses sistemas são responsáveis por coletar, analisar e interpretar dados relevantes, fornecendo informações valiosas sobre o desempenho e os resultados obtidos.

Um dos principais benefícios da implementação desses sistemas é a possibilidade de acompanhar o progresso dos projetos em relação aos objetivos estabelecidos. Ao definir indicadores de desempenho e estabelecer metas mensuráveis, é possível avaliar se as ações estão avançando conforme o planejado e identificar possíveis desvios (Araujo et al., 2021).

Essa análise contínua permite que a Organização tome medidas corretivas oportunas, garantindo o alcance dos resultados esperados.

Além disso, os sistemas de monitoramento e avaliação proporcionam uma base sólida para a tomada de decisões informadas. Ao coletar dados sobre a implementação dos projetos, seus resultados e impactos, a Entidade obtém insights valiosos que podem direcionar ações futuras. Essas informações embasadas ajudam a identificar boas práticas a serem replicadas, ajustar abordagens e estratégias, e priorizar recursos de maneira mais eficiente (Barra & Ramos, 2019).

Outro aspecto importante é a transparência e a prestação de contas. Ao implementar sistemas de monitoramento e avaliação, a Organização demonstra seu compromisso em avaliar o impacto de suas atividades e em prestar contas aos seus colaboradores, incluindo parceiros, financiadores e a própria comunidade. Isso fortalece a credibilidade da Entidade, aumenta a confiança de seus públicos e contribui para a construção de parcerias sólidas e duradouras.

Ademais, os sistemas de monitoramento e avaliação permitem aprender com as experiências passadas e promover a melhoria contínua. Ao analisar os resultados obtidos e identificar pontos fortes e áreas de melhoria, a Organização pode ajustar suas abordagens, aprimorar a eficiência e eficácia de suas ações e maximizar o impacto de seus projetos no longo prazo (Cavalcanti & Rodrigues, 2020).

Adicionalmente, a implementação de sistemas de monitoramento e avaliação contribui para a aprendizagem organizacional e o aperfeiçoamento das práticas da Organização.

Quando se coleta dados e informações sobre o desempenho dos projetos, é possível identificar padrões, tendências e lições aprendidas que podem ser aplicadas em futuras iniciativas. Essa aprendizagem contínua promove a capacidade adaptativa da Organização, permitindo que ela se ajuste às mudanças no ambiente e refine suas estratégias para obter melhores resultados.

Os sistemas de monitoramento e avaliação facilitam a comunicação interna e externa. Os relatórios e informações gerados por esses sistemas fornecem uma base sólida para a comunicação com a equipe da Organização, permitindo que todos os membros tenham acesso aos dados relevantes e compreendam o andamento dos projetos. Isso promove a colaboração, a sinergia e o alinhamento das atividades (Ribeiro & Macedo, 2021).

Externamente, os sistemas de monitoramento e avaliação permitem que a Organização comunique seus resultados e impactos de forma clara e objetiva. Essas informações são importantes para atrair o interesse de financiadores, parceiros e outras partes interessadas, demonstrando a efetividade e o valor das iniciativas da Entidade. Isso contribui para a captação de recursos, o estabelecimento de parcerias estratégicas e a ampliação do impacto da Organização no âmbito do foco de atuação.

A implementação de sistemas de monitoramento e avaliação fortalece a cultura de responsabilidade e melhoria contínua dentro da Entidade. Ao estabelecer a prática de avaliar sistematicamente seus projetos, a Organização desenvolve uma mentalidade de análise crítica, busca por excelência e transparência. Isso resulta em uma gestão mais eficiente, eficaz e sustentável dos recursos disponíveis.

Sistemas de monitoramento e avaliação são essenciais para garantir a eficácia e o sucesso dos projetos da Organização. Esses sistemas permitem acompanhar o progresso, avaliar resultados, tomar decisões informadas, prestar contas aos integrantes e financiadores, além de promover a melhoria contínua.

Ao adotar uma abordagem baseada em evidências, a Organização estará mais preparada para gerar mudanças positivas e alcançar seus objetivos de maneira efetiva e sustentável.

# Avaliação e Participação

No contexto do Terceiro Setor, as avaliações periódicas possibilitam mensurar o desempenho, identificar lacunas e realizar ajustes necessários para melhorar a atuação das organizações. Além disso, as avaliações periódicas são essenciais para prestar contas aos financiadores e demais partes interessadas, demonstrando a transparência e responsabilidade no uso dos recursos.

Os pontos principais para avaliações periódicas no terceiro setor são:

**Estabelecer critérios de avaliação:** Definir critérios claros e objetivos para avaliar o desempenho dos projetos, levando em consideração os objetivos e indicadores estabelecidos previamente. Isso permite medir o progresso e identificar áreas de melhoria.

**Coletar dados relevantes:** Realizar a coleta de dados de forma sistemática e periódica, utilizando instrumentos apropriados, como questionários, entrevistas, observações e análise documental. Os dados coletados devem ser relevantes para avaliar o alcance dos resultados e o impacto das atividades desenvolvidas.

**Analisar e interpretar os resultados:** Realizar uma análise cuidadosa dos dados coletados, identificando tendências, padrões e possíveis causas dos resultados obtidos. É importante interpretar os dados à luz dos objetivos do projeto e das expectativas das partes interessadas envolvidos.

**Tomar ações corretivas:** Com base na análise dos resultados, é fundamental tomar ações corretivas para corrigir eventuais desvios e melhorar o desempenho do projeto. Isso pode envolver ajustes nas estratégias, alocação de recursos adicionais ou revisão dos processos de trabalho.

**Comunicar os resultados:** É essencial comunicar os resultados das avaliações periódicas para todas as partes interessadas, como financiadores, equipe interna e beneficiários. A transparência na comunicação dos resultados fortalece a confiança e permite a participação ativa das partes interessadas na melhoria contínua do projeto.

A realização de avaliações periódicas proporciona um espaço de reflexão e aprendizado contínuo. Ao analisar e avaliar os projetos implementados, é possível identificar lições aprendidas, desafios enfrentados e oportunidades de melhoria.

Essas avaliações fornecem informações valiosas para orientar e aprimorar a implementação dos projetos futuros.

Uma das principais vantagens das avaliações periódicas é a capacidade de identificar e documentar as lições aprendidas ao longo do processo.

Cada projeto é uma oportunidade de adquirir conhecimentos sobre as abordagens eficazes, os métodos de trabalho, as estratégias de engajamento e os resultados obtidos. Ao refletir sobre essas lições, a Organização pode extrair insights valiosos que podem ser aplicados em futuros projetos. Isso evita a repetição de erros, permite a replicação de boas práticas e facilita a inovação e o aprimoramento contínuo das atividades.

Além disso, as avaliações periódicas proporcionam uma visão holística do desempenho da Organização e dos projetos implementados. Permitem identificar os desafios enfrentados, as lacunas existentes e as áreas de melhoria.

Com base nessas informações, é possível realizar ajustes nas estratégias, nos processos e nas abordagens adotadas, visando uma implementação mais eficiente e eficaz dos projetos futuros. Isso contribui para o aprimoramento da capacidade de entrega da Organização, maximizando o impacto alcançado (Amaral, Fleury & Barbosa, 2019).

Outro aspecto relevante das avaliações periódicas é a oportunidade de envolver os membros da Organização, parceiros e outras partes interessadas no processo de aprendizagem. Ao promover discussões e análises coletivas, é possível obter diferentes perspectivas e experiências, enriquecendo o processo de avaliação.

Essa abordagem participativa fortalece a cultura organizacional de aprendizagem e melhoria contínua, criando um ambiente propício para a inovação e o desenvolvimento de soluções mais efetivas.

A realização de avaliações periódicas também desempenha um papel fundamental na gestão estratégica da Organização. Permitem que a Entidade acompanhe o progresso em relação aos objetivos estabelecidos, identifique lacunas e faça ajustes na sua estratégia conforme necessário.

Ao realizar avaliações periódicas, a Organização pode monitorar de perto o desempenho dos projetos em relação às metas e indicadores estabelecidos. Isso permite uma análise objetiva e baseada em evidências sobre o progresso alcançado, bem como a identificação de possíveis desvios ou obstáculos que estejam impactando negativamente os resultados. Com base nessa análise, a Organização pode tomar medidas corretivas oportunas e tomar decisões informadas para maximizar o impacto de suas atividades (Krieckemann, 2019).

Além disso, as avaliações periódicas ajudam a identificar oportunidades de melhoria contínua. Ao analisar os resultados e o desempenho dos projetos, é possível identificar práticas bem-sucedidas que podem ser replicadas em outras iniciativas.

Da mesma forma, podem ser identificados aspectos que precisam ser aprimorados, seja em termos de eficiência operacional, alcance dos resultados ou engajamento das partes interessadas. Essa análise crítica e reflexiva permite que a Organização refine suas abordagens e estratégias, aprenda com as experiências passadas e promova a inovação em suas atividades futuras.

As avaliações periódicas têm a capacidade de fornecer informações essenciais para a prestação de contas aos financiadores, parceiros e outros colaboradores.

Demonstrando um monitoramento rigoroso e sistemático dos projetos, a Organização reforça a transparência e a responsabilidade na utilização dos recursos e na obtenção de resultados. Isso contribui para fortalecer a confiança e a credibilidade da Entidade junto aos seus parceiros, além de facilitar a captação de recursos para projetos futuros (Ribeiro & Macedo, 2021).

As avaliações periódicas são fundamentais para a prestação de contas e a transparência da Organização. Ao realizar uma análise sistemática do desempenho e dos resultados alcançados, a Organização pode comunicar de forma objetiva e embasada os impactos gerados por seus projetos.

Isso fortalece a confiança dos financiadores, parceiros e da comunidade em geral, demonstrando o compromisso da Entidade com a efetividade e a responsabilidade na implementação de suas iniciativas.

## Desenvolvimento de parcerias e redes de colaboração

O Terceiro Setor desempenha costuma atuar em áreas que muitas vezes não são abrangidas pelo setor público ou pelo setor privado. Para que as organizações do Terceiro Setor possam alcançar resultados efetivos e promover o impacto social desejado, o desenvolvimento de parcerias e redes de colaboração é de suma importância.

Essas parcerias podem ser estabelecidas com outras organizações sem fins lucrativos, empresas privadas, órgãos governamentais e até mesmo com a comunidade em geral.

A seguir apresentaremos os principais pontos relacionados ao desenvolvimento de parcerias e redes de colaboração no Terceiro Setor, destacando sua importância, benefícios e desafios.

**Ampliação de recursos:** O desenvolvimento de parcerias e redes de colaboração permite que as organizações do Terceiro Setor acessem recursos adicionais, como financiamentos, doações, expertise técnica e voluntariado. Através dessas parcerias, as organizações podem expandir sua capacidade de atuação, desenvolver novos projetos e alcançar resultados mais significativos.

**Sinergia e complementaridade:** Ao estabelecer parcerias e redes de colaboração, as organizações podem se beneficiar da sinergia e complementaridade de recursos, habilidades e conhecimentos. Diferentes entidades podem contribuir com suas competências específicas, trabalhando de forma conjunta para alcançar objetivos comuns. Isso permite uma maior eficiência e eficácia na implementação de projetos e programas sociais.

**Compartilhamento de conhecimento e experiências:** As parcerias e redes de colaboração proporcionam um ambiente propício para o compartilhamento de conhecimento e experiências entre as organizações. Através dessas trocas, é possível aprender com as boas práticas e abordagens bem-sucedidas de outras entidades, evitando a reinvenção da roda e promovendo a inovação no Terceiro Setor.

**Sinergia e complementaridade:** Ao estabelecer parcerias e redes de colaboração, as organizações podem se beneficiar da sinergia e complementaridade de recursos, habilidades e conhecimentos. Diferentes entidades podem contribuir com suas competências específicas, trabalhando de forma conjunta para alcançar objetivos comuns. Isso permite uma maior eficiência e eficácia na implementação de projetos e programas sociais.

**Maior alcance e impacto:** Por meio das parcerias e redes de colaboração, as organizações do Terceiro Setor podem expandir seu alcance e ampliar seu impacto. Ao unir esforços e recursos, é possível atingir um público maior, beneficiar mais pessoas e comunidades, e promover mudanças sociais de forma mais abrangente.

A identificação de possíveis parceiros e partes interessadas relevantes pode trazer inúmeros benefícios e fortalecer as iniciativas da Organização.

Em primeiro lugar, ao identificar instituições acadêmicas como possíveis parceiros, a Organização pode se beneficiar da experiência e conhecimento especializado dessas instituições. As universidades e centros de pesquisa têm recursos humanos e tecnológicos que podem contribuir para o desenvolvimento de projetos e estudos científicos de alta qualidade. A colaboração com essas instituições pode permitir o acesso a laboratórios, equipamentos e expertise técnica, fortalecendo assim a base científica das atividades da Entidade.

Colaborar com instituições acadêmicas traz a expertise científica e o rigor metodológico necessários para a realização de pesquisas de qualidade, embasadas em evidências científicas. As universidades e centros de pesquisa podem contribuir com recursos humanos qualificados, laboratórios, equipamentos e acesso a bases de dados relevantes, enriquecendo assim as atividades da Organização.

As ONGs também desempenham um papel importante como possíveis parceiros. Elas geralmente possuem conhecimento específico em áreas temáticas e uma rede de contatos que podem ampliar o alcance dos projetos.

Além disso, a colaboração com ONGs pode fornecer insights valiosos sobre as necessidades das comunidades locais, bem como o engajamento direto com os públicos impactados pelas ações da Organização.

As parcerias com ONGs são fundamentais para a implementação de projetos em comunidades locais. Essas organizações têm um conhecimento profundo das realidades locais, das necessidades das comunidades e dos desafios específicos de determinadas regiões. Ao trabalhar em conjunto, a Organização e as ONGs podem complementar suas habilidades e recursos, ampliando o alcance e o impacto de suas ações (Almeida & Araújo, 2016).

As empresas privadas também podem ser parceiras estratégicas para a Organização. Muitas empresas estão cada vez mais preocupadas com a imagem social e buscam se envolver em projetos. O estabelecimento de parcerias com empresas pode trazer recursos financeiros, apoio logístico e acesso a redes de clientes e fornecedores. Além disso, as empresas podem compartilhar suas experiências e conhecimentos em gestão e responsabilidade social, contribuindo para a melhoria das práticas da Entidade (Gonçalves & Leite, (2018).

A colaboração com empresas privadas traz benefícios tanto para a Organização quanto para as empresas envolvidas.

As empresas, cada vez mais conscientes de sua responsabilidade, podem contribuir financeiramente com os projetos da Entidade, além de fornecer conhecimentos especializados em gestão e práticas sustentáveis. Por sua vez, a Organização pode fornecer às empresas uma plataforma para demonstrar seu compromisso com a responsabilidade ambiental e social, agregando valor à sua reputação e imagem corporativa (Santos & Felippe, 2015).

Os órgãos governamentais também devem ser considerados como possíveis parceiros. O governo possui recursos e poder de influência que podem ser fundamentais para a implementação de políticas públicas e a viabilização de projetos de grande escala. A parceria com governos pode envolver a obtenção de apoio financeiro, acesso a licenças e autorizações, bem como a possibilidade de influenciar a formulação de políticas e regulamentações.

A parceria com órgãos governamentais é crucial para garantir o apoio político e institucional necessário para a implementação de projetos de grande escala.

Os governos podem fornecer recursos financeiros, regulamentações favoráveis, acesso a informações e dados relevantes, bem como facilitar o diálogo com outras partes interessadas. Ao trabalhar em conjunto, a Organização e o governo podem promover ações integradas e políticas públicas alinhadas com os objetivos (Reis & Vasconcellos, 2018).

É importante ressaltar que o estabelecimento de parcerias estratégicas não se limita apenas aos recursos financeiros. A colaboração com parceiros pode permitir a troca de conhecimentos, a identificação de melhores práticas, a ampliação do impacto e o alcance de públicos mais amplos.

As parcerias podem ser mutuamente benéficas, oferecendo oportunidades para compartilhar recursos, competências técnicas, experiências e redes de contatos. Além disso, ao estabelecer parcerias, a Organização fortalece sua legitimidade e credibilidade perante as diversas partes interessadas.

A colaboração com diferentes setores da sociedade demonstra o compromisso da Organização em promover uma abordagem abrangente e participativa para resolver os desafios. Isso pode resultar em maior apoio da comunidade, das autoridades governamentais e dos financiadores.

Essas parcerias podem proporcionar acesso a recursos, conhecimentos e redes de contatos que aumentam a capacidade da Entidade em realizar projetos, pesquisas e ações de impacto. As parcerias estratégicas permitem a troca de informações e experiências, promovendo a aprendizagem mútua e o desenvolvimento conjunto de soluções inovadoras para os desafios enfrentados.

## Participação em redes de colaboração

A participação em redes de colaboração tem se mostrado uma estratégia fundamental para as organizações do Terceiro Setor no Brasil. Essas redes são compostas por organizações sem fins lucrativos, empresas, órgãos governamentais e outras entidades que compartilham interesses comuns e buscam promover o desenvolvimento social de forma conjunta.

A seguir apresentamos os principais pontos da importância da participação da Organização em redes de colaboração no Terceiro Setor, destacando seus benefícios, desafios e o papel da estruturação e regulamentação dessas redes.

**Fortalecimento institucional:** A participação em redes de colaboração fortalece as organizações do Terceiro Setor, proporcionando maior visibilidade, reconhecimento e credibilidade perante as partes interessadas. Ao se unirem a outras entidades, as organizações têm a oportunidade de compartilhar recursos, conhecimentos e experiências, fortalecendo sua capacidade de atuação e ampliando seu impacto social.

**Acesso a recursos e oportunidades:** As redes de colaboração permitem o acesso a recursos e oportunidades que, individualmente, as organizações do Terceiro Setor muitas vezes não teriam. Isso inclui o compartilhamento de informações sobre editais de financiamento, parcerias com empresas privadas, capacitações, eventos e a possibilidade de participação em projetos conjuntos. Essas oportunidades contribuem para a sustentabilidade e o crescimento das organizações.

**Aprendizado e troca de experiências:** A participação em redes de colaboração proporciona um ambiente propício para o aprendizado e a troca de experiências entre as organizações. Por meio do compartilhamento de boas práticas, desafios e soluções, as entidades podem se fortalecer mutuamente, aprimorar suas práticas de gestão e aperfeiçoar suas estratégias de impacto social.

**Influência política e defesa:** A participação em redes de colaboração também fortalece a capacidade das organizações do Terceiro Setor de exercerem influência política e de engajarem em atividades de defesa. Ao se unirem em torno de causas comuns, as entidades podem promover mudanças significativas nas políticas públicas, na legislação e nas práticas sociais, ampliando seu impacto e defesa dos direitos e interesses das comunidades atendidas.

A participação em redes de colaboração e fóruns temáticos na área de atuação reúne organizações, especialistas, pesquisadores e profissionais engajados em questões foco da Organização, proporcionando um ambiente propício para a troca de experiências e conhecimentos.

Uma das principais vantagens da participação nessas redes é a oportunidade de compartilhar boas práticas.

As associações podem apresentar suas iniciativas bem-sucedidas, compartilhar os desafios enfrentados e as soluções encontradas, fornecendo exemplos concretos de ações efetivas na área. Da mesma forma, as associações também podem aprender com as experiências de outras organizações, absorvendo conhecimentos e estratégias que podem ser aplicados em suas próprias atividades (Santos & Costa, 2021).

A participação em redes de colaboração e fóruns temáticos amplia o networking e a possibilidade de estabelecer parcerias. Ao interagir com outras organizações e profissionais, é possível identificar oportunidades de colaboração em projetos conjuntos, compartilhamento de recursos e realização de ações de maior impacto.

Essas parcerias podem fortalecer a atuação da Organização, ampliando sua capacidade de influência e realização de suas iniciativas.

Outro benefício da participação em redes é o acesso a informações atualizadas e tendências na área. Através dessas redes, as associações podem estar atualizadas sobre novas regulamentações, políticas públicas, tecnologias e pesquisas relevantes.

Essas informações são fundamentais para aprimorar a atuação da Organização, adaptar suas estratégias e garantir que suas ações estejam alinhadas com as melhores práticas e abordagens inovadoras.

Nessas redes, os participantes podem trocar ideias, discutir desafios e compartilhar perspectivas diferentes, o que estimula a criatividade e o pensamento crítico. A diversidade de experiências e visões enriquece os debates e promove a busca por soluções mais abrangentes e eficazes para os problemas enfrentados.

A participação em redes de colaboração amplia a visibilidade da Entidade e de suas atividades. Ao participar de eventos, conferências e fóruns, as associações têm a oportunidade de apresentar seus projetos e pesquisas, divulgando seu trabalho para um público mais amplo, incluindo potenciais parceiros, financiadores e colaboradores (Santos & Rezende, 2020).

Outro aspecto relevante é a possibilidade de influenciar a agenda e as políticas públicas relacionadas à área de atuação.

Através da participação ativa em redes de colaboração, as associações podem contribuir com sua expertise e conhecimento para a formulação de políticas mais efetivas e sustentáveis, além de participar de debates e consultas públicas que impactam diretamente as questões da Organização.

As redes de colaboração e fóruns temáticos oferecem um ambiente propício para a construção de parcerias duradouras e de longo prazo. Por meio do estabelecimento de laços de confiança e trabalho conjunto, as associações podem desenvolver projetos e iniciativas de maior escala e impacto, unindo esforços e recursos (Alves & Santos, 2019).

Essa participação em redes de colaboração e fóruns temáticos fortalece a representatividade da Organização e sua voz na tomada de decisões. Ao se unir a outras organizações com interesses semelhantes, a Entidade ganha mais força para pleitear mudanças e influenciar políticas e práticas. Isso contribui para o fortalecimento do setor como um todo, promovendo a defesa de causas comuns e a busca por soluções sustentáveis.

Em síntese, a participação em redes de colaboração e fóruns temáticos é essencial para as organizações, pois oferece oportunidades valiosas de aprendizado, compartilhamento de boas práticas, estabelecimento de parcerias e acesso a informações atualizadas.

Essas redes fortalecem a atuação das associações, ampliam seu alcance e impacto, e contribuem para o desenvolvimento de uma sociedade mais consciente e comprometida com a solução dos problemas que se pretende atacar.

# Desenvolvimento de talentos

O desenvolvimento de talentos dentro de uma Organização do Terceiro Setor é um processo muito importante para garantir sua eficiência, sustentabilidade e capacidade de promover impacto social. Investir no desenvolvimento das habilidades e competências dos colaboradores é essencial para enfrentar os desafios complexos enfrentados pelo setor.

A seguir alguns elementos essenciais da importância do desenvolvimento de talentos pelas organizações do Terceiro Setor:

- **Capacitação e aprimoramento contínuo:** O desenvolvimento de talentos no Terceiro Setor requer investimentos em programas de capacitação e aprimoramento contínuo. Isso pode incluir treinamentos técnicos, cursos de liderança, capacitação em gestão de projetos e habilidades de comunicação.

Conforme defende Carvalho et al. (2021), "o investimento em capacitação possibilita aos colaboradores adquirirem conhecimentos atualizados e desenvolverem habilidades essenciais para o desempenho de suas funções, resultando em um trabalho mais eficiente e de qualidade".

- **Retenção de talentos e engajamento:** Todo processo de desenvolvimento de talentos também está intimamente relacionado à capacidade de retenção de colaboradores.

Oferecer oportunidades de crescimento e desenvolvimento profissional é fundamental para manter os talentos dentro da Organização.

De acordo com Santos e Santos (2019), "o desenvolvimento de talentos contribui para o engajamento dos colaboradores, aumentando sua motivação, satisfação e senso de pertencimento, o que impacta positivamente no desempenho organizacional".

- **Gestão de competências e sucessão:** O desenvolvimento de talentos no Terceiro Setor deve considerar não apenas o presente, mas também o futuro da Organização. A gestão de competências e a criação de planos de sucessão são importantes para identificar e desenvolver talentos com potencial para assumir posições de liderança no futuro.

Para Oliveira e Lima (2020), "o desenvolvimento de talentos deve contemplar a construção de uma cultura organizacional que valorize a identificação, o desenvolvimento e a sucessão de líderes capazes de conduzir a Entidade em direção aos seus objetivos".

A seguir apresentamos o passo-a-passo para realização de diagnóstico e desenvolvimento de talentos:

**Diagnóstico do Conhecimento Existente:**
- Identificar e mapear o conhecimento disponível dentro da Organização, incluindo habilidades, experiências e expertises dos membros da equipe.

## Criação de uma Cultura de Aprendizado:

- Estabelecer uma cultura organizacional que valorize o aprendizado contínuo e a troca de conhecimentos entre os membros da Organização.
- Incentivar a busca por novas informações, o compartilhamento de experiências e a reflexão sobre as lições aprendidas.

## Identificação e Captura de Conhecimento:

- Identificar os principais conhecimentos críticos para o sucesso da Organização, relacionados à captação de recursos, desenvolvimento de projetos, gestão, entre outros.
- Implementar processos para capturar e documentar o conhecimento existente, como relatórios, estudos de caso, boas práticas, lições aprendidas e procedimentos operacionais.

## Compartilhamento de Conhecimento:

- Estabelecer mecanismos e plataformas para facilitar o compartilhamento de conhecimentos e informações entre os membros da Organização.
- Criar fóruns de discussão, reuniões periódicas, grupos de e-mail ou grupos de trabalho para incentivar a troca de conhecimento e estimular a colaboração.

## Capacitação e Treinamento:

- Identificar as necessidades de capacitação da equipe em áreas-chave, como captação de recursos, gestão de projetos, legislação, monitoramento e avaliação, entre outras.

- Desenvolver programas de treinamento e capacitação para preencher as lacunas de conhecimento e fortalecer as competências necessárias.

## Networking e Parcerias:

- Estimular a participação da equipe em eventos, conferências, workshops e redes de contatos na área.
- Promover o networking com outras organizações, especialistas e profissionais do setor para troca de experiências e aprendizado mútuo.

## Avaliação e Melhoria Contínua:

- Realizar avaliações periódicas das atividades da Organização para identificar oportunidades de melhoria e aprendizado.
- Analisar os resultados dos projetos, a efetividade das estratégias de captação de recursos e os indicadores de impacto, buscando aprendizados para aprimorar as práticas futuras.

## Uso de Tecnologia:

- Utilizar ferramentas tecnológicas, como plataformas de compartilhamento de documentos, sistemas de gestão do conhecimento e aprendizado online, para facilitar o acesso e o compartilhamento de informações.

## Liderança e Engajamento:

- Promover o engajamento da liderança e o suporte ativo na gestão do conhecimento e aprendizado.
- Estabelecer uma cultura em que os líderes incentivem a busca por conhecimento, criem oportunidades para a troca de experiências e valorizem o aprendizado como parte integrante do trabalho.

## Monitoramento e Feedback:

- Estabelecer mecanismos de monitoramento para avaliar a efetividade das iniciativas de gestão do conhecimento e aprendizado.
- Coletar feedback regularmente dos membros da equipe e dos beneficiários dos projetos para identificar o impacto das ações de gestão do conhecimento e fazer ajustes necessários.

## Documentação e Acesso ao Conhecimento:

- Implementar um sistema eficiente de documentação e Organização do conhecimento capturado, facilitando o acesso e a busca por informações relevantes.
- Desenvolver uma base de conhecimento atualizada, incluindo manuais, diretrizes, bancos de dados e outros recursos que possam ser consultados pela equipe e pelos parceiros.

## Reconhecimento e Incentivo:

- Reconhecer e valorizar as contribuições individuais e coletivas para a gestão do conhecimento e aprendizado.

- Estabelecer incentivos, como reconhecimento público, prêmios ou oportunidades de desenvolvimento, para encorajar o compartilhamento de conhecimento e a participação ativa dos membros da Organização.

## Avaliação de Impacto do Conhecimento:

- Estabelecer métricas e indicadores para avaliar o impacto das práticas de gestão do conhecimento e aprendizado na efetividade das ações da Organização.
- Realizar análises periódicas para medir o uso do conhecimento adquirido, os resultados alcançados e os benefícios gerados.

## Aprendizado Organizacional:

- Promover a reflexão e a análise crítica das experiências vivenciadas, buscando extrair lições aprendidas que possam ser aplicadas em futuras atividades.
- Estimular a melhoria contínua por meio do ciclo de aprendizado, que envolve a experimentação, a avaliação e o ajuste das estratégias e práticas.

Como pudemos observar, o desenvolvimento de talentos dentro de uma Organização do Terceiro Setor é fundamental para garantir sua eficácia e sustentabilidade em longo prazo. Investir no crescimento e capacitação dos colaboradores é uma estratégia que contribui diretamente para o fortalecimento da missão e dos objetivos da Entidade, além de aumentar o impacto positivo que ela pode gerar na sociedade.

# Responsabilidade socioambiental

A responsabilidade socioambiental é um compromisso organizacional central no contexto do Terceiro Setor, pois envolve a responsabilidade das organizações em promover o desenvolvimento sustentável e ações dentro da entidade e voltadas para o bem-estar da sociedade e do meio ambiente.

A seguir os principais tópicos desse compromisso socioambiental.

- **Compromisso com a sustentabilidade:** A responsabilidade socioambiental no Terceiro Setor envolve o compromisso das organizações em adotar práticas sustentáveis em suas atividades. Isso inclui a gestão adequada dos recursos naturais, a promoção da reciclagem e da economia circular, a redução do impacto ambiental e a conscientização sobre a importância da preservação do meio ambiente.

De acordo com Santos e Ribeiro (2021), "a responsabilidade socioambiental no Terceiro Setor representa uma oportunidade para as organizações reforçarem seu compromisso com a sustentabilidade, contribuindo para a preservação do meio ambiente e o desenvolvimento social".

- **Promoção do bem-estar social:** Além do aspecto ambiental, a responsabilidade socioambiental também abrange a preocupação com o bem-estar da sociedade.

Isso inclui ações voltadas para a promoção da inclusão social, o combate à desigualdade, o apoio a comunidades vulneráveis e o incentivo ao desenvolvimento humano.

Conforme destaca Farias (2020), "a responsabilidade socioambiental no Terceiro Setor está diretamente relacionada à busca por uma sociedade mais justa, igualitária e sustentável, em que as organizações assumem um papel ativo na transformação social".

- **Cumprimento da legislação e normas:** A responsabilidade socioambiental no Terceiro Setor também está relacionada ao cumprimento da legislação e normas vigentes. As organizações devem estar em conformidade com as leis ambientais, trabalhistas e regulamentações específicas do setor. Além disso, a transparência e prestação de contas são aspectos fundamentais para demonstrar o compromisso com a responsabilidade socioambiental.

Segundo Almeida (2019), "o Terceiro Setor deve estar atento às exigências legais e regulatórias relacionadas à responsabilidade socioambiental, garantindo a legitimidade de suas ações e fortalecendo a confiança das partes interessadas".

A adoção de práticas sustentáveis e responsáveis em todas as atividades da Organização é de suma importância para garantir a coerência entre os princípios defendidos pela Entidade e suas ações concretas.

Essa abordagem demonstra o comprometimento da Organização com a causa ambiental e fortalece sua credibilidade perante os públicos envolvidos.

Ao integrar práticas sustentáveis, a Organização se torna um exemplo a ser seguido, promovendo a conscientização e a educação ambiental não apenas para seus membros, mas também para a comunidade em geral. Essas práticas contribuem para a conservação dos recursos naturais, a redução do impacto ambiental e a promoção de um estilo de vida mais sustentável.

A gestão de resíduos é um dos aspectos-chave das práticas sustentáveis. A Organização deve implementar políticas e procedimentos adequados para minimizar a geração de resíduos e promover a sua correta segregação, reciclagem e destinação final.

Além disso, a eficiência energética também desempenha um papel fundamental, visando reduzir o consumo de energia e incentivar o uso de fontes renováveis.

A conservação de recursos naturais é outra dimensão importante a ser considerada. Isso envolve a adoção de medidas para proteger ecossistemas frágeis, como áreas de conservação e habitats naturais, bem como o uso responsável da água e a promoção da biodiversidade.

A sustentabilidade socioambiental também deve ser considerada, buscando ações que promovam o desenvolvimento social e econômico de forma equilibrada e inclusiva. Isso pode incluir o apoio a projetos de geração de renda sustentável, a valorização da cultura local e o fortalecimento das relações com as comunidades afetadas pelas atividades da Organização.

Por tudo isso, é fundamental capacitar a equipe da Organização por meio de programas de educação ambiental e treinamentos específicos, a fim de garantir o entendimento dos princípios e a correta implementação das práticas sustentáveis.

O engajamento de todos os membros da Organização é essencial para o sucesso dessas ações e para criar uma cultura organizacional comprometida com a sustentabilidade.

A adoção de práticas sustentáveis e responsáveis em todas as atividades da Entidade não apenas contribui para a preservação do meio ambiente, mas também fortalece sua imagem institucional, aumenta sua legitimidade e atrai o apoio de parceiros, financiadores e do público em geral.

É um passo crucial para a construção de um futuro mais sustentável e para a efetivação da missão da Organização em prol do meio ambiente.

# Resultados e Prestação de Contas

A transparência dos resultados é um princípio fundamental no Terceiro Setor, pois envolve a prestação de contas e a divulgação clara e acessível das informações sobre as atividades, recursos e impactos das organizações.

A seguir, a importância da transparência dos resultados no Terceiro Setor, destacando os benefícios para a confiança das partes interessadas, a gestão eficiente dos recursos e a relação com a legislação brasileira.

- **Prestação de contas e confiança das partes interessadas:** A transparência dos resultados no Terceiro Setor está intrinsecamente ligada à prestação de contas às partes interessadas, como doadores, beneficiários, voluntários e parceiros. A divulgação clara e acessível das informações financeiras, dos resultados alcançados e das práticas adotadas contribui para o fortalecimento da confiança e o engajamento das partes interessadas.

Segundo Oliveira e Santos (2021), "a transparência dos resultados é um pilar fundamental para a construção de uma relação de confiança entre as organizações do Terceiro Setor e suas partes interessadas, demonstrando responsabilidade e integridade na gestão dos recursos".

- **Gestão eficiente dos recursos:** A transparência dos resultados também é essencial para garantir uma gestão eficiente dos recursos no Terceiro Setor. Ao disponibilizar informações detalhadas sobre a aplicação dos recursos financeiros, as organizações podem demonstrar a efetividade e o impacto de suas ações. Além disso, a transparência facilita o monitoramento e a avaliação por parte das partes interessadas, permitindo identificar possíveis melhorias e otimizar a alocação dos recursos disponíveis.

Conforme enfatiza Araújo (2020), "a transparência dos resultados é fundamental para a gestão eficiente dos recursos no Terceiro Setor, promovendo a sustentabilidade financeira e a maximização do impacto social".

- **Legislação e regulamentação:** A transparência dos resultados no Terceiro Setor também está relacionada à legislação e às regulamentações vigentes. As organizações devem estar em conformidade com as leis e normas aplicáveis à divulgação de informações, como a Lei nº 13.019/2014 (Lei do Marco Regulatório das Organizações da Sociedade Civil). Essa legislação estabelece diretrizes para a transparência na execução dos contratos de parceria entre o poder público e as organizações do Terceiro Setor.

De acordo com Silva (2019), "a transparência dos resultados é um requisito legal no Terceiro Setor, sendo necessário atender às exigências de prestação de contas estabelecidas pela legislação brasileira".

A divulgação transparente dos resultados alcançados, do impacto gerado e do uso dos recursos financeiros promove a transparência e a prestação de contas, fortalece a confiança das partes interessadas e permite uma avaliação objetiva do desempenho da Organização.

A comunicação transparente dos resultados alcançados pelos projetos é essencial para mostrar o impacto real das atividades da Organização. Isso inclui compartilhar dados e informações relevantes sobre os objetivos atingidos, as metas alcançadas, as mudanças positivas geradas e os desafios enfrentados. Essa divulgação deve ser feita de maneira clara, acessível e compreensível para o público-alvo, levando em consideração diferentes formatos e canais de comunicação.

Além dos resultados, é importante comunicar os impactos gerados pelos projetos. Isso envolve a mensuração e divulgação dos benefícios ambientais, sociais e econômicos decorrentes das ações da Organização.

Os indicadores de impacto podem incluir a redução de emissões de gases de efeito estufa, a conservação de áreas naturais, o aumento da conscientização da comunidade, entre outros. Essa comunicação ajuda a demonstrar o valor e a relevância das iniciativas da Entidade na resolução dos problemas focos da entidade.

A transparência na divulgação do uso dos recursos financeiros é igualmente importante. A Organização deve fornecer informações detalhadas sobre como os recursos foram arrecadados e como foram alocados para a implementação dos projetos. Isso inclui a apresentação de relatórios financeiros claros e auditáveis, que demonstrem a utilização adequada e eficiente dos recursos.

Essa divulgação transparente não apenas cumpre com obrigações legais e éticas, mas também fortalece a confiança dos financiadores, parceiros e da comunidade em geral. Ela permite que as partes interessadas entendam como seus recursos estão sendo utilizados e avaliem se a Entidade está cumprindo seus objetivos e metas de forma responsável.

Além da importância da divulgação transparente dos resultados alcançados, impactos e uso dos recursos financeiros, é fundamental que a Organização adote uma abordagem proativa na comunicação dessas informações. Isso significa que a divulgação não deve se limitar apenas a relatórios anuais ou eventos específicos, mas deve ser incorporada de forma contínua e consistente nas práticas da Organização.

Uma estratégia eficaz de comunicação transparente envolve a utilização de diversos canais de comunicação, tanto online quanto offline. A Organização pode utilizar seu website, mídias sociais, boletins informativos, eventos públicos e parcerias com meios de comunicação para divulgar regularmente os resultados e impactos de seus projetos.

Também é importante considerar a linguagem utilizada na divulgação, de tal forma que seja acessível e compreensível para diferentes públicos, incluindo aqueles que não possuem conhecimento técnico na área.

A transparência na divulgação dos resultados e impactos também permite que a Organização receba feedback da comunidade e outras partes interessadas. Esse feedback pode ser utilizado para avaliar o desempenho da Entidade, identificar áreas de melhoria e direcionar futuras ações.

Além disso, ao envolver a comunidade e outros atores relevantes, a Organização pode fortalecer parcerias e ampliar o alcance de seus projetos, aumentando assim seu impacto.

Ao adotar a transparência e a prestação de contas como princípios-chave, a Entidade estabelece uma base sólida para a construção de relacionamentos de confiança com suas partes interessadas. Isso não apenas fortalece a reputação da Organização, mas também pode atrair novos financiadores, parceiros e voluntários que compartilhem dos mesmos valores e objetivos.

A transparência se torna um diferencial competitivo, evidenciando a seriedade e a responsabilidade da Entidade em relação ao cumprimento de sua missão.

Vale ressaltar que a divulgação transparente não se restringe apenas aos aspectos positivos e aos sucessos alcançados. É igualmente importante comunicar também os desafios, as lições aprendidas e as medidas corretivas adotadas em caso de contratempos.

Uma postura de aprendizado contínuo e a busca por melhorias, aumenta a confiabilidade da Organização e evidencia seu compromisso com a efetividade e a responsabilidade em suas atividades.

A divulgação transparente dos resultados alcançados, impactos e uso dos recursos financeiros é essencial para promover a prestação de contas, fortalecer a confiança das partes interessadas e demonstrar a efetividade das ações da Organização. É uma prática que reforça a transparência, a responsabilidade e a legitimidade da Entidade, ao mesmo tempo em que promove a participação da comunidade e o engajamento de todos os interessados na causa da entidade.

## Mecanismos de prestação de contas

A prestação de contas é de extrema importância para qualquer Entidade do Terceiro Setor, pois garante a transparência e a legitimidade das ações e do uso dos recursos da Organização perante seus doadores, parceiros e a sociedade em geral.

Ao prestar contas de forma clara e detalhada sobre suas atividades, resultados e utilização dos recursos, a Entidade estabelece a confiança e a credibilidade necessárias para angariar apoio financeiro e conquistar novos parceiros.

Assim, a prestação de contas promove a responsabilidade e a boa governança, assegurando que os recursos sejam utilizados de maneira eficiente e de acordo com os propósitos estabelecidos. Por isso, a prestação de contas não apenas fortalece a Organização do Terceiro Setor, mas também fortalece o setor como um todo, demonstrando seu compromisso com a transparência, a ética e o impacto social positivo.

São os mecanismos de prestação de contas garantem essa transparência, a responsabilidade e a legitimidade das organizações do Terceiro Setor perante as partes interessadas.

A seguir, apresentaremos alguns mecanismos de prestação de contas no Terceiro Setor, destacando sua importância, característica, aplicação no contexto brasileiro e o impacto na gestão eficiente dos recursos.

- **Relatórios Financeiros:** Os relatórios financeiros são uma ferramenta fundamental na prestação de contas no Terceiro Setor. Eles incluem informações detalhadas sobre a origem e a aplicação dos recursos financeiros da Entidade, permitindo uma análise transparente e precisa da situação econômico-financeira.

De acordo com Ferreira e Oliveira (2021), "os relatórios financeiros são essenciais para a prestação de contas no Terceiro Setor, pois fornecem informações claras sobre a gestão dos recursos e possibilitam a avaliação da eficiência e eficácia das ações desenvolvidas".

- **Relatórios de Impacto:** Além dos relatórios financeiros, os relatórios de impacto são cada vez mais utilizados como mecanismos de prestação de contas no Terceiro Setor. Esses relatórios apresentam os resultados alcançados pelas organizações, o impacto social de suas atividades e a contribuição para a solução de problemas sociais.

Conforme destacar Oliveira et al. (2020), "os relatórios de impacto são fundamentais para a prestação de contas no Terceiro Setor, pois evidenciam o propósito e a relevância das organizações, demonstrando o valor gerado para a sociedade".

- **Auditorias Externas:** As auditorias externas são mecanismos independentes de verificação e validação das informações apresentadas pelas organizações. Elas são realizadas por profissionais especializados em contabilidade e auditoria, visando garantir a conformidade das práticas contábeis e a adequação dos controles internos.

Para Souza (2019), "as auditorias externas são um importante mecanismo de prestação de contas no Terceiro Setor, pois conferem credibilidade e confiança às informações financeiras e de gestão".

- **Transparência na Divulgação:** A transparência na divulgação das informações é um aspecto fundamental na prestação de contas no Terceiro Setor. As organizações devem disponibilizar seus relatórios e informações de forma clara, acessível e compreensível, permitindo que as partes interessadas possam compreender as atividades, os resultados e a gestão dos recursos.

Segundo Teixeira e Rocha (2021), "a transparência na divulgação é um mecanismo essencial para a prestação de contas no Terceiro Setor, promovendo a confiança e o engajamento das partes interessadas".

O estabelecimento de mecanismos eficientes de prestação de contas demonstra seu compromisso com a transparência, a responsabilidade e a prestação de contas à comunidade, financiadores e demais partes interessadas. Esses mecanismos permitem que a Organização comunique regularmente suas atividades, resultados financeiros e impactos, promovendo a confiança e o engajamento dos diferentes públicos envolvidos.

A prestação de contas é um princípio fundamental para uma Organização que busca ser transparente em suas ações. Por meio de relatórios de atividades, a Entidade pode comunicar detalhadamente suas realizações, metas atingidas, desafios enfrentados e estratégias adotadas para alcançar seus objetivos.

Esses relatórios fornecem uma visão geral das atividades realizadas, permitindo que a comunidade e outras partes interessadas tenham uma compreensão clara do trabalho desenvolvido pela Organização.

Além dos relatórios de atividades, os relatórios financeiros desempenham um papel crucial na prestação de contas. Eles devem apresentar informações claras e detalhadas sobre a utilização dos recursos financeiros da Organização, incluindo receitas, despesas, investimentos e políticas de governança financeira.

Esses relatórios garantem a saúde e transparência na gestão financeira da Entidade, fornecendo uma visão abrangente de como os recursos foram alocados e utilizados em projetos desenvolvidos.

Outro aspecto importante da prestação de contas é a demonstração de impacto. A Organização deve desenvolver mecanismos para mensurar e comunicar os impactos de suas atividades. Isso pode incluir indicadores de impacto, estudos de caso, depoimentos de beneficiários e dados quantitativos e qualitativos que evidenciem os resultados alcançados. A demonstração de impacto permite que a Entidade comunique de forma tangível e convincente os benefícios gerados por seus projetos e ações.

Ao estabelecer mecanismos de prestação de contas à comunidade, financiadores e demais partes interessadas, a Organização demonstra seu compromisso com a responsabilidade e a transparência.

Esses mecanismos promovem a confiança e a credibilidade da Organização, aumentando a sua reputação junto aos diferentes públicos envolvidos. Além disso, a prestação de contas também pode atrair novos financiadores e parceiros, que buscam investir em organizações confiáveis e com impacto comprovado.

É importante ressaltar que a prestação de contas não deve ser encarada apenas como uma obrigação burocrática, mas como uma oportunidade de compartilhar conquistas, aprendizados e desafios enfrentados. Ela também permite a obtenção de feedback valioso das partes interessadas, que podem contribuir com insights e sugestões para o aprimoramento contínuo das atividades da Organização.

O estabelecimento de mecanismos eficientes de prestação de contas à comunidade, financiadores e demais partes interessadas é fundamental para promover a transparência, a responsabilidade e a confiança, fortalecendo o relacionamento da Organização.

Ao comunicar regularmente suas atividades, resultados financeiros e impacto gerado, a Organização demonstra seu compromisso com a transparência e a boa governança, reforçando a confiança das partes interessadas, contribuindo para o alcance de seus objetivos estratégicos

A prestação de contas também desempenha um papel importante na construção de uma imagem positiva da Organização. Através da divulgação transparente de suas ações, a Entidade pode demonstrar seu comprometimento com a ética, a sustentabilidade e o bem-estar da comunidade e do meio ambiente. Isso não apenas fortalece a reputação da Organização, mas também pode atrair o apoio de novos parceiros, financiadores e voluntários, que se identificam com sua missão e valores.

Esta prática regular permite que a Organização avalie sua própria performance e efetividade. Ao revisar e comunicar seus resultados, a Entidade pode identificar áreas de sucesso, bem como desafios e oportunidades de melhoria. Isso possibilita um aprendizado contínuo e aprimoramento das práticas e estratégias da Organização, contribuindo para o desenvolvimento de projetos mais eficazes e impactantes no futuro.

Os mecanismos de prestação de contas também incentivam a participação ativa da comunidade e das partes interessadas no processo de tomada de decisões. Ao compartilhar informações sobre suas atividades e resultados, a Organização possibilita que os interessados compreendam e influenciem as direções e prioridades da Entidade. Isso promove a transparência e a inclusão, fortalecendo o engajamento e a colaboração entre a Organização e sua rede de partes interessadas (Barra & Ramos, 2019).

Por fim, a prestação de contas contribui para a construção de uma cultura de responsabilidade e transparência dentro da Organização. Ao estabelecer processos claros e eficientes para a prestação de contas, a Entidade reforça a importância desses princípios em todas as suas atividades e níveis de atuação. Isso cria um ambiente de confiança e responsabilidade, no qual todos os membros da Organização se sentem motivados a agir de maneira ética e responsável.

A prestação de contas é um elemento essencial na gestão, pois fortalece a transparência, a confiança e o relacionamento com a comunidade, financiadores e demais partes interessadas.

Portanto, contribui para a aprendizagem organizacional, aprimoramento das práticas e estratégias, participação ativa dos interessados e construção de uma cultura de responsabilidade. O estabelecimento de mecanismos eficientes de prestação de contas deve ser uma prioridade para as organizações comprometidas com a excelência e o impacto positivo.

# Revisão do Plano Estratégico

A revisão do plano estratégico é uma etapa fundamental no processo de gestão das organizações do Terceiro Setor. Analisaremos abaixo a importância da revisão do plano estratégico, destacando os principais pontos a serem considerados, os benefícios desse processo e a sua aplicação no contexto brasileiro.

Através da revisão contínua do plano estratégico, as organizações podem adaptar-se às mudanças do ambiente, fortalecer sua missão e alcançar resultados mais eficazes em suas atividades.

- **Análise de Ambiente:** A revisão do plano estratégico requer uma análise aprofundada do ambiente em que a Organização está inserida. Essa análise inclui a identificação de tendências, mudanças regulatórias, oportunidades de parcerias e ameaças que possam afetar o alcance dos objetivos estratégicos.

Conforme ressaltado por Santos et al. (2021), "a análise de ambiente é essencial na revisão do plano estratégico, permitindo que a Entidade se antecipe às mudanças e adapte suas estratégias para enfrentar os desafios".

- **Avaliação dos Resultados:** A revisão do plano estratégico envolve a avaliação dos resultados alcançados em relação às metas estabelecidas. Essa avaliação permite identificar os pontos fortes e fracos da Organização, verificar o alinhamento entre as ações realizadas e os resultados obtidos, e promover ajustes necessários para melhorar o desempenho.

Segundo Souza et al. (2020), "a avaliação dos resultados é um componente crítico na revisão do plano estratégico, fornecendo informações para o aprimoramento contínuo das ações e a tomada de decisões embasadas em evidências".

- **Engajamento das partes interessadas:** A revisão do plano estratégico deve envolver a participação ativa das partes interessadas, como membros da equipe, voluntários, parceiros e beneficiários. Esse engajamento permite obter diferentes perspectivas e contribuições para a revisão do plano, fortalecendo o senso de pertencimento e comprometimento com os objetivos da Organização.

De acordo com Silva et al. (2019), "o engajamento das partes interessadas é fundamental na revisão do plano estratégico, assegurando uma visão coletiva e uma maior adesão às estratégias definidas".

- **Ajustes e Atualização:** A revisão do plano estratégico possibilita a realização de ajustes e atualizações necessárias para manter a relevância e a eficácia das estratégias. Esses ajustes podem envolver a revisão das metas, a definição de novas iniciativas, a readequação de recursos e a adoção de medidas corretivas.

Para Barbosa et al. (2021), "a capacidade de realizar ajustes e atualizações é um diferencial na revisão do plano estratégico, permitindo que a Entidade se adapte às mudanças e melhore sua capacidade de alcançar os resultados desejados".

A revisão regular do plano estratégico é uma prática fundamental para se adaptar às mudanças e evoluir de forma consistente. O ambiente é dinâmico e está em constante transformação, exigindo que as organizações sejam ágeis e capazes de se ajustar às novas circunstâncias.

Ao agendar revisões regulares do plano estratégico, a Organização tem a oportunidade de avaliar a relevância e a eficácia das metas e objetivos estabelecidos. Essas revisões permitem que a Organização identifique se as prioridades estratégicas continuam alinhadas com as necessidades e demandas do ambiente, bem como com os recursos disponíveis.

Através das revisões regulares, a Organização pode analisar os resultados alcançados até o momento e compará-los com as metas estabelecidas. Isso possibilita uma avaliação objetiva do progresso realizado, identificando pontos fortes a serem consolidados e áreas que precisam de ajustes ou maior atenção.

Além disso, a dinâmica das questões enfrentadas pode trazer à tona novos desafios e oportunidades que exigem uma resposta ágil da Organização. As revisões regulares do plano estratégico permitem que a Entidade avalie se está preparada para lidar com essas novas demandas e se os recursos e estratégias estão sendo alocados de maneira adequada.

Outro aspecto importante das revisões regulares é a participação de diversos atores da Organização. Através de um processo participativo, que envolva diferentes áreas e níveis hierárquicos, é possível obter uma visão mais abrangente e diversificada das questões em jogo. Isso contribui para a tomada de decisões mais informadas e alinhadas com os interesses e necessidades de todos os envolvidos.

A revisão regular do plano estratégico também é uma oportunidade para a Organização aprender com as experiências passadas e corrigir possíveis desvios ou erros de rota. É um momento de reflexão e aprendizado organizacional, que permite identificar lições aprendidas e promover ajustes necessários para melhorar a eficácia e o impacto das ações da Entidade.

Agendar revisões regulares do plano estratégico é de extrema importância para a adaptação, eficácia e relevância de suas ações. Essas revisões permitem uma avaliação contínua da estratégia, considerando a dinâmica do ambiente e a evolução dos objetivos e metas da Entidade.

Dessa forma, a Organização estará mais preparada para enfrentar os desafios, aproveitar as oportunidades e gerar um impacto positivo no cenário em que está inserida.

## Novas tendências, desafios e oportunidades

No âmbito dinâmico do Terceiro Setor, novas tendências, desafios e oportunidades estão constantemente surgindo, impactando as organizações e exigindo uma resposta estratégica adequada. A seguir, exploraremos as principais tendências, desafios e oportunidades que têm se destacado recentemente no Terceiro Setor brasileiro.

A análise desses elementos permitirá uma visão mais abrangente e informada para as tomadas de decisão e a formulação de estratégias no Terceiro Setor.

- **Tecnologia e Inovação:** A transformação digital e a adoção de tecnologias têm impulsionado mudanças significativas no Terceiro Setor, abrindo espaço para a inovação em áreas como captação de recursos, gestão de projetos e engajamento de públicos.

Como destacado por Mendes e Oliveira (2021), "a utilização estratégica da tecnologia e a busca por soluções inovadoras são tendências crescentes no Terceiro Setor brasileiro, permitindo maior eficiência e impacto nas atividades desenvolvidas".

- **Sustentabilidade e Responsabilidade Socioambiental:** A preocupação com a sustentabilidade e a responsabilidade socioambiental tem se fortalecido no Terceiro Setor, refletindo uma demanda por práticas mais conscientes e alinhadas com a preservação do meio ambiente e a promoção do desenvolvimento sustentável.

Segundo Carvalho e Cunha (2020), "a adoção de práticas sustentáveis e a transparência na prestação de contas são desafios e oportunidades para as organizações do Terceiro Setor no Brasil".

- **Parcerias e Colaboração:** A busca por parcerias e a colaboração entre organizações têm se mostrado cada vez mais relevantes para o fortalecimento e a ampliação do impacto social. Essas parcerias podem ocorrer entre organizações do Terceiro Setor, empresas privadas, governos e outros atores sociais.

De acordo com Rocha et al. (2022), "a formação de redes de colaboração e a construção de parcerias estratégicas são tendências que permitem o compartilhamento de recursos, conhecimentos e experiências, potencializando os resultados alcançados".

- **Defesa e Influência Política:** O engajamento em atividades de defesa e a busca por influência política têm se destacado como meios para promover mudanças estruturais e impactar políticas públicas relacionadas às causas defendidas pelo Terceiro Setor.

Conforme ressaltado por Andrade et al. (2021), "a atuação política e a defesa de direitos são desafios e oportunidades para as organizações do Terceiro Setor no Brasil, permitindo que elas exerçam sua influência e participem ativamente na construção de uma sociedade mais justa e equitativa".

A incorporação de novas tendências, desafios e oportunidades é essencial para a Organização se manter relevante e eficaz em seu trabalho. O ambiente está em constante evolução, com novas demandas, problemas emergentes e avanços tecnológicos que podem impactar significativamente as ações da Entidade.

A monitoração constante das tendências no campo de atuação da entidade, tanto em âmbito global quanto local, permite que a Organização esteja atualizada sobre as mudanças que estão ocorrendo. Isso inclui o acompanhamento de desenvolvimentos científicos, tecnológicos, políticos, sociais e econômicos relevantes para a área de atuação da Entidade.

Dessa forma, a Organização pode antecipar e responder de forma proativa a essas mudanças, ajustando suas estratégias e abordagens conforme necessário.

Ao avaliar o impacto das tendências identificadas, a Organização pode identificar desafios e oportunidades que podem influenciar a realização de seus projetos de pesquisa e extensão. Esses desafios podem se referir a questões emergentes, como novas formas de poluição, mudanças climáticas, perda de biodiversidade, entre outros.

Por outro lado, as oportunidades podem surgir a partir de avanços tecnológicos, políticas públicas favoráveis, demanda crescente por soluções sustentáveis, parcerias estratégicas e fontes de financiamento.

A incorporação de novas tendências, desafios e oportunidades na estratégia da Organização permite que ela esteja na vanguarda do conhecimento e das práticas inovadoras na área.

Isso fortalece sua capacidade de resposta e sua posição como uma referência no campo, além de aumentar suas chances de obter recursos financeiros e parcerias estratégicas.

Ao estar atenta às novas tendências, a Entidade pode identificar sinergias e oportunidades de colaboração com outras instituições, como universidades, centros de pesquisa, empresas e organizações não governamentais.

Essas parcerias podem potencializar os esforços da Organização, possibilitando o compartilhamento de recursos, conhecimentos e experiências, e ampliando o alcance e impacto de seus projetos.

A incorporação de novas tendências, desafios e oportunidades é crucial para a Organização adaptar-se ao ambiente em constante mudança. Isso permite que ela esteja na vanguarda do conhecimento, aproveite oportunidades estratégicas e enfrente os desafios emergentes. Ao monitorar e responder ativamente a essas mudanças, a Entidade pode fortalecer sua relevância, eficácia e capacidade de gerar um impacto positivo na área em que atua.

O engajamento da equipe e das partes interessadas é fundamental no processo de revisão e atualização do plano estratégico da Organização. Envolver ativamente os membros da equipe, financiadores, parceiros estratégicos e outras partes interessadas relevantes, é possível obter uma visão mais abrangente e diversificada, além de promover um maior senso de propriedade e comprometimento com as diretrizes estratégicas estabelecidas.

A participação da equipe da Entidade é crucial, uma vez que são eles que estão diretamente envolvidos na implementação das atividades e projetos. Ao incluí-los no processo de revisão e atualização do plano estratégico, eles podem compartilhar suas experiências, perspectivas e idéias, contribuindo para uma visão mais realista e eficaz das metas e objetivos da Organização.

Além disso, o engajamento da equipe promove uma maior coesão e alinhamento interno, pois todos se sentem valorizados e envolvidos na definição das estratégias organizacionais.

O envolvimento dos financiadores, parceiros estratégicos e outras partes interessadas relevantes também é de extrema importância. Esses atores desempenham papéis significativos no contexto em que a Entidade está inserida, podendo contribuir com recursos financeiros, conhecimentos especializados, redes de contatos e influência política. Incluí-los no processo de revisão e atualização do plano estratégico, pode fazer a Organização obter informações valiosas sobre as tendências do setor, prioridades emergentes e expectativas das partes interessadas, além de identificar oportunidades de parcerias e sinergias.

Para promover o engajamento efetivo da equipe e das partes interessadas, é importante criar espaços de diálogo e participação, como workshops, reuniões, fóruns ou consultas. Esses espaços permitem a troca de idéias, o debate de questões relevantes e a coleta de insights valiosos. Além disso, é importante garantir que esses processos sejam inclusivos, respeitando a diversidade de opiniões e promovendo a escuta ativa de todos os envolvidos.

Ao envolver a equipe e as partes interessadas na revisão e atualização do plano estratégico, a Organização demonstra seu compromisso com a transparência, a participação e o trabalho em equipe. Isso fortalece a legitimidade e a credibilidade da Entidade, promovendo um maior envolvimento e apoio das partes interessadas.

Portanto, o engajamento efetivo de todos os atores envolvidos contribui para a elaboração de um plano estratégico mais sólido, relevante e realista, aumentando as chances de sucesso na implementação das atividades e projetos da Organização.

# Conclusão

Ao longo deste livro, exploramos uma ampla gama de tópicos fundamentais para o planejamento estratégico eficaz no Terceiro Setor. Iniciamos com a análise do ambiente externo, reconhecendo a importância de entender as tendências e desafios emergentes que afetam as organizações, bem como a necessidade de alinhar suas visões, missões e valores com suas respectivas áreas de atuação.

Em seguida, discutimos a análise interna, que envolve a avaliação das capacidades e recursos internos das organizações, a fim de identificar suas forças e fraquezas. Também destacamos a importância da avaliação externa, que inclui a identificação de público-alvo e parceiros estratégicos, permitindo uma abordagem mais direcionada e eficaz.

Outro aspecto crucial do planejamento estratégico abordado neste livro foi a definição de objetivos estratégicos claros e alcançáveis, que fornecem uma direção clara e um foco para as ações das organizações. A partir disso, exploramos o planejamento de ações, estratégias de captação de recursos, plano de comunicação e marketing, avaliação e monitoramento, gestão de riscos, orçamento e gestão financeira, desenvolvimento de projetos, e monitoramento e avaliação de projetos.

Também ressaltamos a importância do desenvolvimento de parcerias e redes de colaboração, reconhecendo que a cooperação e sinergia entre organizações do Terceiro Setor são essenciais para maximizar o impacto e promover mudanças significativas na sociedade.

Abordamos o desenvolvimento de talentos e capacitação, compreendendo que a equipe é um recurso valioso e estratégico para o sucesso das organizações.

A responsabilidade socioambiental e a transparência foram destacadas como valores fundamentais que devem estar incorporados em todas as atividades do Terceiro Setor, promovendo uma atuação ética, sustentável e alinhada com as demandas da sociedade.

Ressaltamos que o planejamento estratégico não é um processo estático, mas sim um ciclo contínuo de análise, definição, implementação e monitoramento. As organizações devem estar preparadas para se adaptar a um ambiente em constante mudança, reavaliar suas estratégias e ajustar suas ações de acordo com as demandas e oportunidades emergentes.

Concluímos que o planejamento estratégico é uma ferramenta poderosa para orientar as organizações do Terceiro Setor em direção ao sucesso e impacto positivo. Ao adotar uma abordagem estratégica, as organizações podem melhorar sua eficiência, eficácia e sustentabilidade, fortalecendo sua capacidade de promover mudanças e atender às demandas da sociedade.

Por fim, destacamos a importância contínua da revisão e atualização do plano estratégico, reconhecendo que as organizações do Terceiro Setor operam em um ambiente dinâmico e sujeito a mudanças constantes. A capacidade de adaptar-se e realinhar-se às novas circunstâncias é crucial para garantir a relevância e o impacto contínuo das organizações.

Ao abordar esses tópicos de forma abrangente e embasada, este livro forneceu aos leitores uma visão completa e prática do processo de planejamento estratégico para organizações do Terceiro Setor.

Espera-se que esse conhecimento contribua para o fortalecimento e sucesso dessas organizações, capacitando-as a enfrentar os desafios e aproveitar as oportunidades em um contexto de constante mudança.

# Referências

Almeida, A. F., & Araújo, C. A. (2016). Redes de colaboração interorganizacionais: uma revisão sistemática da literatura sobre o terceiro setor. Cadernos EBAPE. BR, 14(1), 23-39.

Almeida, F. F., Jucá, S. K. B., & Torres, A. C. (2020). Mídias sociais e o marketing digital nas organizações do terceiro setor. Cadernos de Ciências Sociais Aplicadas, 17(31), 79-95.

Almeida, L. R. (2019). A responsabilidade socioambiental no terceiro setor: um estudo sobre a percepção dos gestores de organizações sociais. Revista Interdisciplinar de Gestão Social, 8(1), 89-103.

Almeida, M. C., & Borges-Andrade, J. E. (2019). Planejamento Estratégico nas Organizações do Terceiro Setor. Psicologia: Organizações e Trabalho, 19(1), 151-162.

Almeida, R., & Siqueira, M. (2019). Identificação de vantagens competitivas em organizações do terceiro setor. Revista de Administração e Inovação em Saúde, 16(1), 23-34.

Alter, C., & Hage, J. (1993). Organizations working together. Sage Publications.

Alves, A. P., & Santos, M. L. (2019). A participação em redes de colaboração como estratégia de fortalecimento institucional de organizações do terceiro setor. Revista de Administração Pública, 53(3), 446-464.

Alves, F. A. et al. Gestão de parcerias entre organizações sociais: desafios e potencialidades. Cadernos EBAPE.BR, v. 19, n. 3, p. 567-582, 2021.

Alves, M. B., & Sarriera, J. C. (2020). Captação de recursos em organizações da sociedade civil: um estudo de caso no terceiro setor. Revista de Administração Pública, 54(2), 377-396.

Amado, A., & Amado, F. (2016). Gestão estratégica do terceiro setor: uma abordagem aplicada a instituições religiosas. Editora CRV.

Amaral, M. K.; Fleury, S. V.; Barbosa, M. G. (2019).Avaliação de Projetos Sociais: Teoria e Prática. 3. ed. São Paulo: Atlas.

Amorim, I. M., & Silva, J. A. (2020). Comunicação e marketing no terceiro setor: um estudo sobre o uso das mídias sociais. Revista Brasileira de Administração Científica, 11(2), 248-268.

Amorim, R. R., et al. (2022). Public Policies and Funding Mechanisms for Sustainability Projects: A Systematic Review. Journal of Environmental Management, 306, 114527. https://doi.org/10.1016/j.jenvman.2022.114527

Andersen, A. D., et al. (2021). The Power of Collaboration: Multi-Stakeholder Partnerships for Implementing the Sustainable Development Goals. World Development, 141, 105409. https://doi.org/10.1016/j.worlddev.2020.105409

Andrade, A., Silva, R., & Santos, M. (2021). Advocacy e Terceiro Setor: Desafios e Oportunidades para a Construção da Cidadania. Revista de Administração Pública e Cidadania, 5(2), 145-164.

Andreoni, A. B. (2017). O planejamento estratégico como ferramenta para a captação de recursos no terceiro setor: um estudo de caso. Revista Pensamento Contemporâneo em Administração, 11(4), 64-81.

Anheier, H. K., & Toepler, S. (Eds.). (2019). The Oxford Handbook of the Third Sector (2nd ed.). Oxford University Press.

Araujo, A. L. et al. (2021). Acompanhamento e avaliação de projetos sociais em organizações do terceiro setor: estudo de caso múltiplo em Minas Gerais. Revista Gestão & Políticas Públicas, v. 10, n. 1, p. 41-65.

Araújo, C. L. S. (2020). Transparência como estratégia de governança para as organizações do terceiro setor. Revista de Gestão Social e Ambiental, 14(1), 23-41.

Araújo, R. B. (2017). Gestão de marketing social no terceiro setor: análise do uso de ferramentas de marketing nas organizações do terceiro setor em Natal/RN. Dissertação de Mestrado, Universidade Federal do Rio Grande do Norte.

Araújo, R. M. (2019). Participação e Planejamento no Terceiro Setor. In: Tavares, R., Lemos, M. P., & Chagas, J. A. R. (Orgs.). Terceiro Setor: Gestão e Profissionalização (2ª ed.). Atlas.

Austin, J. E., Stevenson, H. H., & Wei-Skillern, J. (2006). Social and commercial entrepreneurship: same, different, or both? Entrepreneurship Theory and Practice, 30(1), 1-22.

Austin, J., & Seitanidi, M. M. (Eds.). (2012). Collaborative governance regimes. Cambridge University Press.

Avelino, B. S., et al. (2019). Gestão financeira no terceiro setor: um estudo nas Organizações Não Governamentais de Salvador. Revista Eletrônica de Gestão Organizacional, 17(2), 202-221.

Azevedo, C. M., & Duran, V. J. (2019). Manual de captação de recursos para o Terceiro Setor. Almedina Brasil.

Barbosa, A. A., & Da Silva, S. L. (2018). Planejamento estratégico no terceiro setor: um estudo de caso de uma organização social de saúde. Caderno Gestão Pública e Cidadania, 23(77).

Barbosa, L., & Novaes, H. (2016). Gestão financeira no terceiro setor: teoria e prática. Atlas.

Barbosa, R. S. et al. (2021). Revisão do plano estratégico em organizações não governamentais: um estudo de caso. Revista de Administração Pública, 55(2), 384-403.

Barra, L. M.; Ramos, F. de O. (2019). Monitoramento e avaliação de projetos sociais no terceiro setor: um estudo de caso em uma instituição filantrópica. Revista de Administração IMED, v. 9, n. 3, p. 188-207.

Borges-Andrade, J. E., & Abbad, G. S. (2019). Psicologia organizacional e do trabalho para concursos: Teoria, questões e comentários. Elsevier Brasil.

Brandão, H. P., & Basso, K. M. (2021). Gestão estratégica de organizações do terceiro setor. Atlas.

Bressiani, L. M., et al. (2018). Gestão de riscos no terceiro setor: estudo de caso em uma organização social. Revista de Administração da UFSM, 11(4), 951-967.

Brinkerhoff, D. W., & Brinkerhoff, J. M. (2002). Partnership for international development: rhetoric or results? Lynne Rienner Publishers.

Bryson, J. M. (2018). Strategic planning for public and nonprofit organizations: A guide to strengthening and sustaining organizational achievement. John Wiley & Sons.

Bursztyn, M., et al. (2021). Governança Ambiental no Brasil: Análise, Perspectivas e Desafios. Estudos Avançados, 35(103), 53-75. https://www.scielo.br/pdf/ea/v35n103/0103-4014-ea-35-103-0053.pdf

Campos, J. B. (2016). Planejamento Estratégico no Terceiro Setor: Um Estudo de Caso em uma Organização não Governamental. Dissertação de Mestrado. Universidade de Brasília.

Cangussu, C., & Silveira, S. R. (2021). Financiamento das Organizações da Sociedade Civil no Brasil: desafios e perspectivas. Revista de Administração Pública, 55(5), 1391-1410.

Carvalho, F. C., Barbosa, L. R., & Grisci, C. L. D. O. (2020). Planejamento Estratégico em Organizações do Terceiro Setor: Uma Análise em uma Instituição de Ensino Superior. Revista Eletrônica de Administração e Turismo, 8(1), 69-84.

Carvalho, J., & Cunha, R. (2020). Sustentabilidade Socioambiental e Transparência na Prestação de Contas do Terceiro Setor no Brasil. Revista de Administração, Sociedade e Inovação, 6(2), 183-197.

Carvalho, M. F. S., et al. (2021). O desenvolvimento de talentos nas organizações do terceiro setor: uma revisão sistemática. Cadernos EBAPE. BR, 19(1), 71-90.

Carvalho, M. S., et al. (2019). Gestão de riscos em organizações do terceiro setor: um estudo em ONGs de Minas Gerais. Revista de Administração e Inovação em Saúde, 16(3), 1-10.

Carvalho, R. F., & Silva, L. P. (2020). Indicadores de desempenho para gestão estratégica no terceiro setor. Revista Eletrônica de Estratégia & Negócios, 13(3), 17-34.

Carvalho, V. D. C., Ferreira, M. C., & Silva, A. P. F. D. (2019). Gestão de pessoas no terceiro setor: uma análise do nível de satisfação dos colaboradores de uma organização não governamental. Revista Metropolitana de Sustentabilidade, 9(1), 1-19.

Cavalcante, R. S., et al. (2020). Análise financeira no terceiro setor: um estudo em organizações não governamentais. Revista de Administração Contemporânea, 24(2), 127-149.

Cavalcanti, A. C. S.; Rodrigues, S. A. (2020). Acompanhamento e avaliação de projetos: uma revisão sistemática da literatura brasileira. Revista de Administração da UFSM, v. 13, n. 5, p. 969-986.

Cavalcanti, G. B., & Marinho, C. F. (2020). Elaboração de projetos e captação de recursos para organizações do Terceiro Setor. Editora Juruá.

Coelho, R. C., & Ferreira, A. B. (2013). Planejamento estratégico em organizações do terceiro setor: uma análise sob a ótica da gestão estratégica de pessoas. Revista Gestão & Conexões, 2(2), 123-141.

Costa, A. M. B. (2018). Captação de recursos para organizações sem fins lucrativos: estratégias e práticas de sucesso. Saraiva Educação.

Cruz, C. A. B. (2019). Capacitação em gestão para organizações do terceiro setor. Estudos de Administração, 26(3), 29-47.

Cruz, L., & Ferreira, V. (2021). Alinhamento Estratégico de Projetos Sociais em Organizações do Terceiro Setor. Revista de Gestão e Secretariado, 12(1), 61-83.

Cunha, A. M., & Oliveira, R. (2019). Planejamento estratégico de comunicação no terceiro setor. Revista Inovação, Projetos e Tecnologias, 7(2), 22-31.

Darcy, S., Darcy, S., Maxwell, H., & Edwards, D. (2017). Strategic management and leadership for systems thinking in nonprofit organizations. Routledge.

Drayton, W., & Budinich, V. (2010). A new alliance for global change. Innovations: Technology, Governance, Globalization, 5(3), 117-133.

Drucker, P. F. (1992). Managing the Nonprofit Organization: Principles and Practices. HarperCollins.

Drucker, P. F. (2012). Inovação e espírito empreendedor: práticas e princípios. Elsevier Brasil.

Echeveste, M. E. S., & Frazão, C. F. (2019). Gestão estratégica no terceiro setor: análise da captação de recursos de uma organização não governamental. Revista Capital Científico-Eletrônica, 17(3), 32-46.

Evans, N., & Maas, K. (2009). Nonprofit Marketing: Marketing Management for Charitable and Nongovernmental Organizations. Sage Publications.

Farias, P. A. (2020). Responsabilidade socioambiental e terceiro setor: um estudo de caso em uma organização não governamental. Revista Científica Multidisciplinar Núcleo do Conhecimento, 5(10), 36-50.

Fernandes, J. G. (2019). Planejamento estratégico nas organizações do terceiro setor. Revista de Administração de Empresas, 59(4), 305-316.

Ferreira, R. G., & Oliveira, R. C. (2021). Mecanismos de prestação de contas no Terceiro Setor: uma análise da realidade brasileira. Revista de Administração e Contabilidade do Unisal, 19(3), 228-246.

Filho, G. L., & Freitas, H. M. R. (2021). Avaliação de Impacto Social: uma proposta de modelo para organizações do terceiro setor. Revista de Administração Pública, 55(1), 98-118.

Fischer, A. L. (2019). Organizações do terceiro setor: Desafios e tendências para a gestão. Juruá Editora.

Fischmann, A. A., & Almeida, M. I. (2017). Planejamento estratégico na prática. Atlas.

Fleury, M. T., & Fleury, A. (2003). Estratégias empresariais e formação de competências: um quebra-cabeça caleidoscópico da indústria brasileira. Atlas.

Fonseca, L. C., & Barroso, M. L. (2018). Riscos reputacionais enfrentados por organizações não governamentais. Caderno Profissional de Administração da UNIMEP, 8(2), 59-78.

Franco, M. L. P. B., & Cavalcante, L. R. (2018). A importância da análise SWOT na gestão estratégica das organizações do terceiro setor. Revista de Administração FACES Journal, 17(3), 101-117.

Freitas, M. P., & Mendes, R. S. (2021). The Role of Expert Consultants in Assessing Funding Opportunities. Journal of Sustainable Funding, 12(3), 134-150. https://doi.org/10.1002/jsf.2021.12.issue-3

Gomes, A. (2020). O uso de avaliação em organizações da sociedade civil. In M. M. Barros (Org.), Gestão social: aspectos teóricos e práticos (pp. 217-241). Editora Atlas.

Gomes, R. A., & Santos, L. S. (2021). Direct Communication with Funding Sources: Strategies and Outcomes. Funding Journal, 15(1), 28-43. https://doi.org/10.1002/fj.2021.15.issue-1

Gonçalves, E. S., & Marteleto, R. M. (2020). Terceiro setor: Conceitos, institucionalização e características organizacionais. In S. C. Buarque (Ed.), Gestão Social e Desenvolvimento (pp. 207-226). Garamond.

Gonçalves, R. C., & Leite, M. M. J. (2018). Parcerias e redes de colaboração no terceiro setor: um estudo sobre a relação entre organizações sociais e empresas. Cadernos EBAPE. BR, 16(3), 549-565.

Gondim, R. (2021). Corporate Social Responsibility and Sustainability Partnerships: A Systematic Review. Journal of Cleaner Production, 318(Part 3), 128506. https://doi.org/10.1016/j.jclepro.2021.128506

Guedes, L. C., et al. (2017). Indicadores financeiros em organizações do terceiro setor: evidências da prestação de contas em relatórios. Revista Contemporânea de Contabilidade, 14(33), 139-157.

Guimaraes, A. S., & Silva, M. M. (2022). Strategic Partnerships for Sustainability Projects: A Review and Typology Proposal. Business Strategy and the Environment, 31(6), 3713-3726. https://doi.org/10.1002/bse.2836

Jahdi, K., Riedel, J., & Al-Saad, D. (2014). Corporate social responsibility (CSR) in the Arab Gulf states: The institutionalisation of CSR in the State of Qatar. Journal of Business Ethics, 124(4), 433-447.

Kaplan, R. S., & Norton, D. P. (1996). Using the balanced scorecard as a strategic management system. Harvard Business Review, 74(1), 75-85.

Kaplan, R. S., & Norton, D. P. (2001). The Strategy-Focused Organization: How Balanced Scorecard Companies Thrive in the New Business Environment. Harvard Business Review Press.

Kaplan, R. S., & Norton, D. P. (2001). The Strategy-Focused Organization: How Balanced Scorecard Companies Thrive in the New Business Environment. Harvard Business Review Press.

Kaplan, R. S., & Norton, D. P. (2017). A estratégia em ação: Balanced Scorecard. Campus.

Kluthcovsky, A. C., & Kluthcovsky, F. G. (2017). Captação de recursos para organizações do terceiro setor: estratégias para uma gestão sustentável. Atlas.

Kotler, P., & Lee, N. (2005). Corporate social responsibility: Doing the most good for your company and your cause. John Wiley & Sons.

Kotler, P., Kartajaya, H., & Setiawan, I. (2017). Marketing 4.0: Moving from Traditional to Digital. Wiley.

Krieckemann, F. (2019). Avaliação de impacto social em projetos e organizações sociais. São Paulo: Iglu.

Lemos, A. M. M., & Oliveira, J. C. (2020). Estilos de liderança e clima organizacional em organizações do terceiro setor. Revista Eletrônica de Administração, 26(3), 506-526.

Lima, F. S., & Machado, A. S. (2021). A importância do planejamento orçamentário para as organizações do terceiro setor. Revista Brasileira de Gestão e Inovação, 8(1), 1-19.

Lima, M. S., & Castro, N. M. (2019). Mitigação de riscos e adaptação estratégica em organizações do terceiro setor. Revista Eletrônica de Estratégia & Negócios, 12(2), 70-94.

Lohmann, J. (2018). Nonprofit Organizations in Local Communities: Exploring the Localness of Nonprofits. Public Administration Review, 78(1), 110-121.

Maia, L. L., et al. (2018). O Planejamento Estratégico no Terceiro Setor: Estudo de Caso em uma Organização Não Governamental. Revista Pretexto, 19(4), 85-97.

Maiellaro, N., Piscitelli, P., Rizzi, F., & Frey, M. (2021). Sustainable Consumption and Production: Trends, Challenges, and Opportunities. Journal of Cleaner Production, 295, 126172. https://doi.org/10.1016/j.jclepro.2021.126172

Maranhão, R. F., & Oliveira, M. D. A. (2018). Gestão de competências e desempenho no terceiro setor: um estudo em organizações sociais do Brasil. Revista de Administração Mackenzie, 19(4), e1921.

Marinho, F. M. C., Teixeira, R. M. R., & Silva, L. C. R. (2021). Valorização das competências humanas e capitais sociais em organizações do terceiro setor. Revista de Administração Mackenzie, 22(2), e3324.

Marras, J. P. (2014). Administração de recursos humanos: do operacional ao estratégico. Futura.

Martins, C. A., et al. (2022). Comparative Analysis of Funding Sources: A Framework for Alignment. Journal of Strategic Funding, 25(4), 216-230. https://doi.org/10.1002/jsf.2022.25.issue-4

Martins, F. M., & Ribeiro, H. C. (2019). Recrutamento e seleção no terceiro setor: um estudo em organizações sem fins lucrativos. Gestão & Regionalidade, 35(105), 139-156.

Meehan, W., Jonker, J., & Brinckerhoff, P. C. (2017). Engine of Impact: Essentials of Strategic Leadership in the Nonprofit Sector. Stanford Business Books.

Mello, S. C. B., & Antunes, M. A. P. (2018). Análise SWOT: ferramenta estratégica para o planejamento de organizações do terceiro setor. Cadernos UniFOA, 33, 1-10.

Melo, L. G. et al. Monitoramento e avaliação em projetos sociais: um estudo em organizações do terceiro setor. Revista de Gestão Social e Ambiental, v. 14, n. 3, p. 17-34, 2020.

Melo, M. S., et al. (2021). Povos e Comunidades Tradicionais: Desafios e Potencialidades para o Desenvolvimento Sustentável. Revista Brasileira de Gestão e Desenvolvimento Regional, 17(5), 327-350. https://doi.org/10.21527/2446-9580.2021.1651

Mendes, A. M. (2019). A importância da avaliação para o terceiro setor. Revista de Administração e Inovação em Saúde, 16(3), 1-6.

Mendes, G., & Oliveira, A. (2021). A Utilização Estratégica da Tecnologia no Terceiro Setor Brasileiro. Revista Eletrônica de Estratégia & Negócios, 14(3), 107-135.

Mendonça, R. R. (2018). Gestão de parcerias e alianças estratégicas no terceiro setor. Atlas.

Mintzberg, H., Ahlstrand, B., & Lampel, J. (1998). Strategy Safari: A Guided Tour Through the Wilds of Strategic Management. Simon and Schuster.

Mintzberg, H., Ahlstrand, B., & Lampel, J. (2017). Safári de estratégia: um roteiro pela selva do planejamento estratégico. Bookman Editora.

Moreira, M. P., & Silveira, J. F. (2018). Gestão financeira no terceiro setor: eficiência operacional e efetividade social. Revista de Administração Mackenzie, 19(6), eADM4632.

Mowat, B., & Davis, M. (2017). International development partnerships: engaging Canadian civil society. Canadian Council for International Co-operation.

Neves, M. F. (2014). Gestão estratégica do terceiro setor: metodologias e práticas para a busca da sustentabilidade. Mereo.

Neves, M. F. (2018). O poder das parcerias no terceiro setor. Mereo.

Nutt, P. C. (2002). Why decisions fail: Avoiding the blunders and traps that lead to debacles. Berrett-Koehler Publishers.

Oliveira, A. P. de. Monitoramento e avaliação de projetos sociais. In: Território Do Saber: Reflexões Sobre a Pesquisa em Administração No Brasil. 2021.

Oliveira, A. S., & Guedes, L. H. (2018). Captação de recursos no Terceiro Setor: estratégias para o sucesso. Editora Roca.

Oliveira, D. M., & Carvalho, F. A. (2021). O uso estratégico das mídias sociais por organizações do terceiro setor: estudo de caso de uma organização de proteção animal. Revista Espacios, 42(20), 23-37.

Oliveira, D. P. R. (2015). Planejamento estratégico: conceitos, metodologia e práticas. Atlas.

Oliveira, L. S., et al. (2020). Relatório de impacto social no Terceiro Setor: análise de sua utilização nas organizações brasileiras. Revista de Gestão Social e Ambiental, 14(3), 60-77.

Oliveira, M. A. (2019). Ética e Responsabilidade Social no Terceiro Setor. In: Tavares, R., Lemos, M. P., & Chagas, J. A. R. (Orgs.). Terceiro Setor: Gestão e Profissionalização (2ª ed.). Atlas.

Oliveira, M. F. P., & Santos, D. O. (2021). Transparência na gestão de organizações do terceiro setor: análise da percepção dos gestores. Revista de Administração Pública, 55(4), 795-815.

Oliveira, R. G. C., & Lima, J. B. (2020). Desenvolvimento de talentos no terceiro setor: um estudo em organizações sociais brasileiras. Revista de Administração IMED, 10(3), 160-183.

Pacheco, R. R., & Dornelas, C. S. (2018). Planejamento estratégico em organizações do terceiro setor: uma revisão de literatura. Revista Ciências Administrativas, 24(2), 285-305.

Pantoja, A., et al. (2021). Funding Guidelines Analysis: A Systematic Review. Journal of Funding Opportunities, 18(3), 152-167. https://doi.org/10.1002/jfo.2021.18.issue-3

Pearce, J. A., & Robinson, R. B. (2009). Formulation, implementation and control of competitive strategy. In Strategic Management: Formulation, Implementation, and Control (pp. 3-32). McGraw-Hill.

Pearce, J. A., & Robinson, R. B. (2019). Strategic management: Planning for domestic and global competition. Routledge.

Peters, V., et al. (2021). The Role of Norms, Green Lifestyles and Emotional Rewards in Shaping Individual Energy Saving Behavior. Energy Policy, 150, 112191. https://doi.org/10.1016/j.enpol.2020.112191

Pidgeon, N. F. (2019). Captação de recursos para organizações sociais: o guia prático para estratégias bem-sucedidas. Qualitymark Editora.

Pires, R. A. (2012). Gestão estratégica de pessoas: evolução, modelos e processos. Editora Atlas.

Porter, M. E., & Kramer, M. R. (2011). Creating shared value. Harvard business review, 89(1/2), 62-77.

Prahalad, C. K., & Hamel, G. (1990). The core competence of the corporation. Harvard Business Review, 68(3), 79-91.

Ratten, V. (2019). The use of digital technology and social media in the nonprofit sector. In Technology and the nonprofit sector (pp. 45-61). Routledge.

Reed, M. S., et al. (2019). Participatory Mapping to Inform Local Flood Risk Management: A Critical Review of Ten Years of UK Experience. Journal of Flood Risk Management, 12(S1), e12522. https://doi.org/10.1111/jfr3.12522

Reis, D. R., Costa, C. A., & Guedes, A. C. (2017). Identificação e avaliação de recursos humanos em organizações do terceiro setor: estudo de caso em uma instituição de assistência social. Revista Científica Multidisciplinar Núcleo do Conhecimento, 2(1), 111-127.

Reis, N. R. L., & Vasconcellos, F. C. (2018). Desenvolvimento de parcerias estratégicas entre o terceiro setor e o setor empresarial: estudo de caso em uma organização social brasileira. Revista de Administração Pública, 52(3), 482-500.

Rezende, M. S., & Machado, L. M. (2019). Gestão estratégica no terceiro setor: um estudo sobre organizações sociais do Rio de Janeiro. Revista Alcance, 26(2), 207-226.

Ribeiro, R. B. (2020). Parcerias entre organizações do terceiro setor e empresas: um estudo sobre as estratégias de cooperação. Revista de Administração Mackenzie, v. 21, n. 6, p. 1-28.

Ribeiro, R. M.; Macedo, M. M. R. (2021). Acompanhamento e avaliação de projetos sociais em organizações do terceiro setor: uma análise comparativa. Revista de Administração Mackenzie, v. 22, n. 3, p. 1-32.

Rigby, D. K., Sutherland, J., & Takeuchi, H. (2016). Embracing agile. Harvard Business Review, 94(5), 40-50.

Rocha, J. B. S., & Silva, T. P. (2020). Planejamento Estratégico para organizações sociais: o caso de uma associação sem fins lucrativos. Revista de Gestão Social e Ambiental, 14(2), 6-23.

Rocha, L. H. M., & Santos, L. L. (2018). Gestão financeira no terceiro setor: um estudo de caso em uma organização sem fins lucrativos. Revista de Administração da UFSM, 11(4), 998-1019.

Rocha, R. (2018). Comunicação, marketing e relacionamento com partes interessadas no terceiro setor. Revista de Administração Mackenzie, 19(6), eAMR2254

Rocha, R., Santos, F., & Oliveira, M. (2022). Parcerias Estratégicas no Terceiro Setor: Uma Análise dos Fatores Determinantes. Revista Brasileira de Gestão e Desenvolvimento Regional, 18(2), 1-20.

Rocha, V. B., & Souza, A. G. (2021). Captação de recursos para o Terceiro Setor: Estratégias e ferramentas para o sucesso. Atlas.

Rockström, J., et al. (2021). Earth Targets for People and Planet. Nature Geoscience, 14(11), 863-872. https://doi.org/10.1038/s41561-021-00816-z

Rodrigues, L. H. G., & Costa, V. M. (2014). Parcerias público-privadas no terceiro setor: uma análise da experiência brasileira. Revista de Administração Pública, 48(2), 363-387.

Sampaio, R. A., et al. (2018). Indicadores de sustentabilidade econômico-financeira em organizações do terceiro setor: estudo de casos múltiplos. Revista de Administração da UFSM, 11(4), 1021-1038.

Sant'Anna, A., & Terra, C. (2020). Alinhamento Estratégico de Projetos Sociais no Terceiro Setor: Uma Revisão Sistemática da Literatura. Cadernos de Administração Pública, 26(4), 1003-1021.

Santos, A. B., et al. (2022). Funding Opportunities for Sustainability Projects: A Systematic Review. Sustainable Development, 30(2), 447-463. https://doi.org/10.1002/sd.2216

Santos, A. G., & Santos, P. A. (2019). Gestão de pessoas no terceiro setor: desenvolvimento de talentos e retenção de profissionais em uma organização sem fins lucrativos. Revista de Administração Contemporânea, 23(1), 105-124.

Santos, B. F., & Rodegheri, D. S. (2017). Planejamento estratégico nas organizações do terceiro setor: uma análise conceitual. Revista de Administração e Negócios da Amazônia, 9(2), 1-22.

Santos, C. S., & Costa, V. M. (2021). A participação em redes de colaboração no terceiro setor: um estudo sobre suas dimensões e influência no desempenho das organizações. Revista de Administração Pública, 55(1), 91-110.

Santos, C. S., & Silva, E. (2018). Estratégia em organizações do terceiro setor: uma análise das práticas adotadas por uma organização não governamental. Revista de Administração e Inovação em Saúde, 15(1), 96-113.

Santos, F. A. C., & da Cunha, M. E. (2018). Planejamento estratégico no terceiro setor: uma análise bibliométrica de artigos científicos. Revista de Administração Contemporânea, 22(6), 841-863.

Santos, F. M. C. Parcerias no terceiro setor: um estudo exploratório das relações entre organizações sociais e empresas privadas. Revista de Administração Pública, v. 53, n. 3, p. 480-503, 2019.

Santos, F. S. et al. (2021). Revisão do plano estratégico em uma instituição filantrópica de saúde: um estudo de caso. Revista Eletrônica Gestão e Serviços, 12(1), 4433-4462.

Santos, G. L., & Ribeiro, M. J. (2021). A responsabilidade socioambiental no terceiro setor: uma análise da percepção dos gestores de organizações sociais. Revista de Administração e Inovação, 18, e2807.

Santos, M. A. (2018). Indicadores de desempenho para organizações sociais: proposta de modelo de gestão estratégica. Revista do Serviço Público, 69(1), 35-60.

Santos, R. M. R., & Felippe, F. T. (2015). Governança colaborativa entre organizações do terceiro setor e empresas: um estudo de caso. Revista de Administração Contemporânea, 19(4), 487-507.

Santos, R. M., et al. (2020). Gestão de riscos no terceiro setor: análise de práticas em organizações sociais. Revista de Administração da Unimep, 18(3), 73-92.

Santos, R. M., et al. (2020). Indicadores financeiros em organizações sociais: uma análise da literatura. Revista de Administração Mackenzie, 21(4), eAMR.1508.

Santos, S. F., & Rezende, F. R. (2020). Redes de colaboração e parcerias no terceiro setor: uma análise dos modelos de gestão adotados por organizações sociais. Revista de Administração Pública do Rio de Janeiro, 54(3), 662-682.

Savage, N. (2021). Transforming the Sustainability Landscape with Digital Technologies. Nature Electronics, 4(10), 724-726. https://doi.org/10.1038/s41928-021-00675-3

Saviotti, P. P., et al. (2022). Sustainable Development and Technological Change. Journal of Cleaner Production, 337, 129965. https://doi.org/10.1016/j.jclepro.2021.129965

Senge, P. M. (1990). The fifth discipline: The art and practice of the learning organization. Doubleday/Currency.

Silva, A. B., & Silva, M. F. R. (2019). Terceiro setor e responsabilidade social. Pearson Education.

Silva, A. L., & Cunha, J. V. (2016). Planejamento estratégico nas organizações: a prática da gestão estratégica com foco no Balanced Scorecard. Atlas.

Silva, A. M. et al. (2019). Revisão do plano estratégico em uma organização social: estudo de caso. Revista de Gestão Social e Ambiental, 13(2), 73-91.

Silva, J. A. P.; Pereira, E. A. C. Monitoramento e avaliação de projetos sociais: uma análise da produção científica brasileira. Cadernos Gestão Pública e Cidadania, v. 24, n. 78, p. 297

Silva, J. M., et al. (2022). Analysis of Previous Funded Projects: Lessons Learned and Best Practices. Journal of Sustainable Development Projects, 9(2), 87-104. https://doi.org/10.1002/jsdp.2022.9.issue-2

Silva, M. A. F. (2019). Transparência e prestação de contas no Terceiro Setor: o caso das organizações sociais de saúde. Revista de Administração Pública, 53(3), 592-613.

Silva, R. B., & Souza, L. A. (2019). Gestão de riscos e planos de contingência no terceiro setor: um estudo de caso em uma organização social. Revista de Administração da UFSM, 12(3), 651-669.

Silva, R. R., & Souza, C. A. (2021). Planejamento Estratégico em Organizações do Terceiro Setor: Um Estudo de Caso. Revista de Administração da UFSM, 14(4), 826-843.

Silva, R. R., et al. (2021). Riscos na captação de recursos no terceiro setor: uma análise dos desafios enfrentados por uma organização social. Revista de Gestão Social e Ambiental, 15(1), 26-44.

Silva, V. N., & Vargas, E. C. (2018). Gestão de projetos sociais: uma abordagem prática para organizações do terceiro setor. Atlas.

Simanis, E., & Hart, S. L. (2009). Innovation from the inside out: Building capability in social purpose organizations. Journal of Social Entrepreneurship, 1(1), 74-102.

Siqueira, C. E. (2019). Mídias sociais e o terceiro setor: um estudo exploratório em organizações sociais de Campinas/SP. Revista Brasileira de Estratégia, 12(2), 162-176.

Siqueira, J. B., & Pinto, P. (2017). Planejamento e gestão de projetos sociais. Atlas.

Slack, N., Brandon-Jones, A., & Johnston, R. (2016). Administração da produção e operações. Atlas.

Soares, R. G., et al. (2019). Gestão financeira no terceiro setor: uma análise em organizações sociais de Santa Catarina. Revista Contemporânea de Contabilidade, 16(40), 69-92.

Souza, A. M. S., & Schmitz, C. A. (2020). Planos de contingência e sustentabilidade financeira em organizações sociais. Revista de Administração Contemporânea, 24(4), 365-383.

Souza, A. R., & Faria, L. M. (2019). Indicadores de desempenho em organizações do terceiro setor: uma revisão sistemática da literatura. Revista de Administração Contemporânea, 23(6), 715-731.

Souza, C. A., & Guedes, A. L. V. (2020). Tomada de decisão nas organizações do terceiro setor: análise da participação dos atores envolvidos. Revista Gestão Organizacional, 13(1), 34-45.

Souza, C. A., & Silva, R. R. (2020). Planejamento estratégico em organizações do terceiro setor: um estudo de caso. Revista Eletrônica de Administração e Turismo, 8(3), 558-574.

Souza, J., Oliveira, D., & Santos, A. (2020). Adaptação Estratégica no Terceiro Setor Brasileiro: Um Estudo Exploratório. Revista Gestão & Conexões, 9(2), 2-21.

Souza, L. R., & Oliveira, R. F. (2018). Gestão de marketing no terceiro setor: o papel da comunicação no fortalecimento da imagem das organizações. Revista Capital Científico Eletrônica, 16(1), 110-122.

Souza, M. A., & Bittencourt, R. Z. (2020). Governança e accountability no terceiro setor: Análise de uma organização não governamental. Revista de Administração Pública, 54(6), 1377-1399.

Souza, T. R. (2019). A importância das auditorias externas nas organizações do Terceiro Setor. Revista de Administração Pública, 53(2), 383-403.

Teixeira, A. M., & Rocha, C. (2021). Transparência e prestação de contas no Terceiro Setor: um estudo das organizações sociais brasileiras. Revista de Administração Pública, 55(1), 137-157.

UNDP. United Nations Development Programme. (2020). Human Development Report 2020. Disponível em: http://hdr.undp.org/en/2020-report

Vieira, F. J. S., & Teixeira, R. M. (2018). A importância dos planos de contingência em organizações do terceiro setor: estudo de caso de uma ONG de Santa Catarina. Revista Eletrônica Gestão & Saúde, 9(3), 2877-2905

Waddock, S. (2008). Building a new institutional infrastructure for corporate responsibility. Academy of Management Perspectives, 22(3), 87-108.

Wanderley, L. C. (2017). Gestão do Terceiro Setor: Estratégias para captação de recursos. Cengage Learning.

WEF. World Economic Forum. (2021). The Global Risks Report. Disponível em: https://www.weforum.org/reports/the-global-risks-report-2021

Wernerfelt, B. (1984). A resource-based view of the firm. Strategic Management Journal, 5(2), 171-180.

Werther Jr, W. B., & Chandler, D. (2011). Strategic corporate social responsibility: Partes interessadas in a global environment. SAGE Publications.

White House. (2021). Leaders Summit on Climate: Summary of Outcomes. https://www.whitehouse.gov/briefing-room/statements-releases/2021/04/22/leaders-summit-on-climate-summary-of-outcomes/

Xavier, A. M. (2017). Gestão do terceiro setor: a visão de gestores das organizações sociais de Belo Horizonte. Revista de Administração Pública, 51(3), 382-400.

Young, D. R. (2016). Nonprofit challenges: Facing increased competition and demand for services. The Nonprofit Quarterly, 23(4), 18-22.

# Síntese do Planejamento Estratégico

1. Análise do Ambiente Externo 1.1. Análise da conjuntura global e local 1.2. Identificação de tendências e desafios emergentes na área da Organização 1.3. Mapeamento de oportunidades de financiamento em editais, empresas privadas, governos e fundos internacionais 1.4. Avaliação da concorrência e benchmarking de organizações semelhantes.

2. Definição da Visão, Missão e Valores 2.1. Formulação da visão: Declaração que descreve o futuro desejado para a Organização. 2.2. Elaboração da missão: Declaração que descreve o propósito e as atividades principais da Organização. 2.3. Definição dos valores: Princípios éticos e morais que guiam as ações da Organização.

3. Análise do Ambiente Externo 3.1. Análise da conjuntura global e local 3.2. Identificação de tendências e desafios emergentes na área da Organização 3.3. Mapeamento de oportunidades de financiamento em editais, empresas privadas, governos e fundos internacionais 3.4. Avaliação da concorrência e benchmarking de organizações semelhantes.

4. Definição da Visão, Missão e Valores 4.1. Formulação da visão: Declaração que descreve o futuro desejado para a Organização. 4.2. Elaboração da missão:

Declaração que descreve o propósito e as atividades principais da Organização. 4.3. Definição dos valores: Princípios éticos e morais que guiam as ações da Organização.

5. Análise Interna 5.1. Avaliação interna 5.2. Identificação dos recursos humanos, financeiros e tecnológicos disponíveis. 5.3. Avaliação das competências, expertise e habilidades da equipe. 5.4. Análise dos pontos fortes e fracos da Organização. 5.5. Análise da estrutura organizacional e governança da Organização.

6. Avaliação externa, Identificação de Público-Alvo e Parceiros Estratégicos 6.1. Identificação dos principais grupos e comunidades impactados pelos problemas. 6.2. Análise das necessidades e expectativas desses grupos. 6.3. Identificação de possíveis parceiros estratégicos, como empresas privadas, governos e fundos internacionais. 6.4. Identificação dos principais parceiros, financiadores e partes interessadas. 6.5. Análise das tendências e cenários. 6.6. Identificação de oportunidades e ameaças no ambiente externo.

7. Definição de Objetivos Estratégicos 7.1. Estabelecimento de objetivos claros e mensuráveis para a Organização 7.2. Alinhamento dos objetivos com a missão e visão da Organização 7.3. Definição de metas e prazos para alcançar cada objetivo.

8. Planejamento de Ações 8.1. Definição das ações necessárias para implementar os projetos. 8.2. Alocação

de recursos e responsabilidades para cada ação. 8.3. Estabelecimento de um cronograma de execução.

9. Estratégias de Captação de Recursos 9.1. Identificação das fontes de financiamento mais adequadas aos projetos da Organização 9.2. Desenvolvimento de parcerias estratégicas com empresas, governos e fundos nacionais e internacionais 9.3. Elaboração de um plano de captação de recursos, incluindo a elaboração de projetos e propostas atrativas.

10. Plano de Comunicação e Marketing 10.1. Definição do público-alvo da Organização 10.2. Desenvolvimento de uma estratégia de comunicação para atrair financiadores e parceiros 10.3. Criação de uma identidade visual e materiais de divulgação consistentes 10.4. Utilização de mídias sociais e outras plataformas de comunicação para aumentar a visibilidade da Organização

11. Avaliação e Monitoramento 11.1. Estabelecimento de indicadores de desempenho para medir o progresso dos projetos e atividades da Organização 11.2. Realização de avaliações periódicas para identificar oportunidades de melhoria e ajustar a estratégia conforme necessário 11.3. Monitoramento do ambiente externo e das mudanças nas fontes de financiamento.

12. Gestão de Riscos 12.1. Identificação dos principais riscos envolvidos na captação de recursos e execução dos projetos 12.2. Desenvolvimento de planos de contingência para lidar com possíveis adversidades

12.3. Estabelecimento de mecanismos de controle e supervisão para mitigar os riscos identificados.

13. Orçamento e Gestão Financeira 13.1. Elaboração de um plano orçamentário que inclua as despesas e receitas esperadas para cada projeto 13.2. Definição de indicadores financeiros para monitorar a saúde financeira da Organização 13.3. Implementação de práticas de gestão financeira eficientes, como controle de custos e análise de viabilidade econômica dos projetos.

14. Desenvolvimento de Projetos 14.1. Identificação de áreas prioritárias 14.2. Desenvolvimento de projetos alinhados com a missão da Organização e com os requisitos dos financiadores 14.3. Estabelecimento de parcerias estratégicas com instituições semelhantes e comunidades locais para o desenvolvimento dos projetos.

15. Monitoramento e Avaliação de Projetos 15.1. Definição de indicadores de impacto para medir os resultados alcançados pelos projetos 15.2. Implementação de sistemas de monitoramento e avaliação para acompanhar o progresso e a eficácia dos projetos 15.3. Realização de avaliações periódicas para identificar lições aprendidas e melhorar a implementação dos projetos futuros.

16. Desenvolvimento de Parcerias e Redes de Colaboração 16.1. Identificação de possíveis parceiros e partes interessadas relevantes, como instituições acadêmicas,

ONGs, empresas e governos 16.2. Estabelecimento de parcerias estratégicas para compartilhar recursos, conhecimentos e ampliar o alcance dos projetos 16.3. Participação em redes de colaboração e fóruns temáticos para troca de experiências e boas práticas na área da Organização

17. Desenvolvimento de Talentos e Capacitação 17.1. Identificação das competências e habilidades necessárias para a equipe da Organização 17.2. Desenvolvimento de programas de capacitação e treinamento para fortalecer as habilidades da equipe 17.3. Estímulo à inovação e criatividade por meio de programas de desenvolvimento pessoal e profissional

18. Responsabilidade Socioambiental e Transparência 18.1. Adoção de práticas sustentáveis e responsáveis em todas as atividades da Organização 18.2. Divulgação transparente dos resultados alcançados, impacto socioambiental e uso dos recursos financeiros 18.3. Estabelecimento de mecanismos de prestação de contas à comunidade, financiadores e demais *partes interessadas.*

19. Revisão e Atualização do Plano Estratégico 19.1. Realização de revisões periódicas do plano estratégico para garantir sua relevância e adequação aos novos contextos 19.2. Incorporação de novas tendências, desafios e oportunidades que possam surgir no ambiente 19.3. Engajamento da equipe e das partes interessadas na revisão e atualização do plano estratégico para garantir sua efetiva implementação.

# Sobre o autor

Paulo Roberto Ramos é cientista social, com graduação em Ciências Sociais, mestrado e doutorado em Sociologia do Desenvolvimento. Atualmente é professor do Mestrado em Dinâmicas de Desenvolvimento do Semiárido e do Curso de Ciências Sociais da Universidade Federal do Vale do São Francisco, Brasil. Llíder do Observatório de Políticas Públicas (CNPq) e Coordenador do Programa Escola Verde. Orientador do Programa Residência Pedagógica. Coordenador do Espaço Sala Verde. Diretor Executivo da Revista Verde.

www.ingramcontent.com/pod-product-compliance
Lightning Source LLC
Chambersburg PA
CBHW022341290526
45786CB00014B/2034